南雄三流
SuiSuiわかる
「結露」の本

南雄三：著

建築技術

# まえがき

　高断熱・高気密住宅の関心が高まって，沢山の本が出版されています。その多くの書は断熱・気密の目的や技術を論じるというよりは，外断熱×内断熱のケナシ合いといった内容で，落ち着いて知識を追うことができません。面白いのは，ケナシ合いのネタが「結露」だということです。だったら落ち着いて結露を勉強する専門書があればよいのに…と探してみると，計算式やデータが並んだプロ向けのものばかり。

　そこで素人の方々が小説でも読むように，ツラツラと読み込んでいける結露の技術書をつくりました。でも簡単だからといって，大雑把ではありません。2001年9月に発刊した建築技術2001年

10月号の特集「結露防止の完全克服マニュアル」(建築技術別冊8「結露防止の完全克服マニュアル」として2002年7月に発行)で取り上げた学術レポートが裏付けになっています。しかも,時代を反映して高断熱・高気密をベースにするなど,南雄三独特の的を得たわかりやすい展開を試みています。外断熱か内断熱で迷う前に,まずは結露の扉を開けてみませんか。

平成16年4月30日
南雄三

# 目　次

まえがき ｜ 2

## 第 I 章　結露ってどうして起こるの? ……7
1. 晴れた日に雨? ｜ 8
2. 結露はカビ、ダニ、腐れ、白蟻を招く ｜ 10
3. 結露はどうして起こる? ｜ 10
4. 空気線図ってなに? ｜ 13
5. 結露はどうして防ぐ? ｜ 14
6. 表面結露と内部結露 ｜ 15

## 第 II 章　表面結露 ……17
1. 昔の家は結露しなかった ｜ 18
2. 今の家は結露だらけ ｜ 19
3. 表面結露を防ぐ ｜ 25

## 第 III 章　断熱・気密化 ……35
1. 断熱材と工法 ｜ 36
2. 必要な断熱・気密性能 ｜ 44

## 第 IV 章　内部結露 ……59
1. 内部結露はどうして起こるの? ｜ 60
2. 内部結露を防ぐには ｜ 65
3. コンクリート造の内部結露防止 ｜ 75
4. 史上最大のミステークは史上最大の濡れ衣 ｜ 77
5. 木造の内部結露防止 ｜ 81

## 第 V 章　夏型結露……99

1. 地下室や床下で起こる | 100
2. 夏の逆転現象 | 102
3. 夏の逆転結露を防ぐ | 102

column　結露被害例① 結露対策の道具・窓まわりの結露 | 108

## 第 VI 章　床下の結露……109

1. 地面から湧いてくる水 | 110
2. 基礎断熱 | 114
3. 地下室の結露 | 122

column　白蟻 | 126

## 第 VII 章　窓の結露……129

1. 日本の窓は除湿器 | 130
2. 窓の断熱・気密性能 | 130

## 第 VIII 章　気密施工……139

1. 気密施工の変遷 | 140
2. 簡単な外張断熱の気密施工 | 142
3. 次世代省エネ基準の気密施工 | 143
4. 気密測定 | 144

## 第 IX 章　換気計画……147

1. 換気の定義 | 148
2. 熱交換型と排気型 | 149
3. 換気は過乾燥を招く | 151

column　結露被害例② 内部結露による被害例 | 154

## 第 X 章 結露秘話……155

1. ハイパフォーマンス窓が結露 | 156
2. 釘の一滴結露 | 157
3. 床下が温泉状態 | 158
4. 畳にうっすらと青カビ | 160

column　結露被害例③ 白蟻・カビによる被害 | 162

## 技術資料……163

技術資料1── 飽和水蒸気量 | 164
技術資料2── 空気線図 | 165
技術資料3── 室内での水分発生量 | 166
技術資料4── 4人家族における1月の水蒸気発生パターン例 | 167
技術資料5── 表面温度計算式 | 168
技術資料6── 家具のある壁の表面結露防止のための必要断熱厚さ | 168
技術資料7── RC造内断熱の内部結露の定常計算と非定常計算 | 169

## 第 XI 章 まとめ……171

第Ⅰ章

# 結露ってどうして起こるの?

## 1. 晴れた日に雨？

　透き通るように青い空。北風に揺れる木々。そんな寒いけどよく晴れた冬の日に，なぜか天井に濡れた染みができた。「あれっ，雨漏りか？」「雨なんか降ってないわよ」「昨日降ったんじゃないか？」「毎日晴れてばかりですよ」「じゃあ，なんだこれは」……　晴れているのに天井が濡れている。何が起こったのかわからぬまま，夫婦はこの家を建設した業者に電話することにした。

　「雨漏りみたいなんだけど」「えっ，今ですか？」　工務店は晴れた空をみながら「？？？」，まずは行ってみることにした。

　夫婦は天井見上げて何かぶつぶついっている。このまま天井が濡れれば，染みができてしまうだろう。それだけじゃない，そこにカビが繁殖し，ダニが湧いてしまうかもしれない。木を腐らす菌も繁殖して，白蟻までが来るかもしれない……。

　業者は点検口から天井に上がろうとして，天井に載っている断熱材をはがしてみた。すると断熱材の上に載っていた水がどっと落ちてきて，作業を覗いていた夫婦の顔を直撃した。「キャー！」「スイマセン」

　慌てて業者は懐中電灯で屋根裏を覗いてみた。屋根裏から水滴が落ち，断熱材の上は所々で池のような状態になっていた。

「雨漏りじゃない，これは結露だ」業者はピンときながら，まさかこんなに結露がすごいものかと感心してしまった。

あなたにも，こんな経験はありませんか？

雨漏りが起これば家中大騒ぎになって，すぐに業者に電話をかけてクレームをつけるのが当たり前。近代建築の巨匠フランク・ロイド・ライトは「雨漏りがしてるんだが」という施主からの電話に，「では，そこをどいてみたらいかがでしょう」といったとか。巨匠だからこそいえることで，普通なら許されるわけがありません。

2001年から施行された瑕疵保証の制度は，雨漏りと構造的な安全性を保証しますが，同じ水のことでも結露は対象になっていません。不思議な話です。雨漏りは一年に一度，台風が来た時くらいにしか起こりませんが，結露は冬の間，ずーっと起こる可能性があって，その量たるや雨漏りの比ではありません。夫婦がぶつぶついっていたとおり，結露は内装材に染みをつくり，カビやダニを繁殖させ，さらに木材を腐らせる木材腐朽菌の繁殖や白蟻を招く原因をつくります。

この本は「結露」について学んでいくものです。結露現象は物理の世界ですし，それを防ぐのは建築的な技術で，素人には理解しきれないもののようにみえますが，そんなことはありません。

どうすれば防げるか……までのことは誰でも理解できます。私はこの本を秋の夜長にツラツラと書いていくことにしました。もうすぐ結露の起こる冬が来る。その前に結露の準備をじっくりするような気持で，ゆっくりとはなしを進めていきたいと思います。

# 2. 結露はカビ、ダニ、腐れ、白蟻を招く

　結露と一言で行っても雲ができるのも結露といえるから幅が広いのですが，家の中でみる結露といえば，まずは窓ガラスにつく水滴。冷えたビール瓶につく水滴。壁や天井にシミがつくのも結露（雨漏りもありますが）。箪笥の裏側にカビが生えたり，押入の中が湿っぽくなるのも結露。便所の水のタンクに水滴がつくのも結露で，エアコンの吹出し口などが黒く汚れるのも結露してカビが生えているからです。

　今住んでいる私の家は断熱・気密性能が高いし，換気もしているし，家中均一な温度ですから結露が発生したことはありませんが，以前マンションに住んでいた頃はいつも結露が出ていて，カビに悩まされました。家の性能によってこれほど違うものかと思うくらいです。では，どうして結露は起こるのでしょうか。

# 3. 結露はどうして起こる?

　空気の中には水蒸気が含まれています。その量は空気1m³（1m×1m×1mの大きさ）の中に2〜25g程度で，空気の重さでいえば0.2〜2%程度です。

　なーんだ，わずかなものじゃないかといわれそうですが，その水蒸気が大きな結露をつくるのです。

空気は温度によって、含む水蒸気の量が違ってきます。温度が高まるほど水蒸気を沢山含める（もてる）ようになります。図をみると、高温になると急激に含む量が多くなるのがわかります。

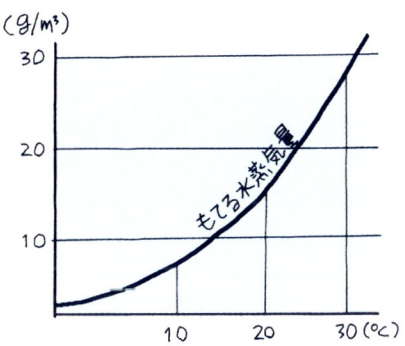

　温度が20℃の空気をグラスに例えます。このグラス一杯に水蒸気をもてます。今はまだ50％しか入っていません。この状態を相対湿度50％と呼びます。いつも私たちが湿度と一言でいっているのは、この相対湿度のことです。

　実際に空気の中に入っている水蒸気の量は絶対湿度といいます。単位はg/m³。つまり1m³の空気の中に、どれだけの重さの水蒸気が入っているかを示しています。これを水蒸気重量と呼んでいます。例えば20℃の空気は17.3gの水蒸気を含むことができますが、10℃の空気は9.4g、0℃の空気は4.85gの水蒸気しか含むことができません。

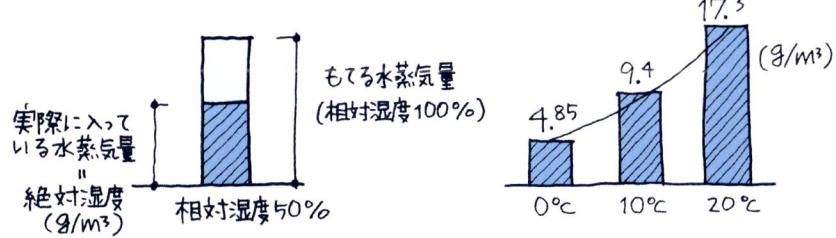

※絶対湿度はg/m³で示す容積絶対湿度の他、重量水蒸気含有率（kg/kg'）や水蒸気分圧（mmHg）で表わすこともあります。容積絶

対湿度で表わすのが最もわかりやすいので、ここではその値をとっています。また、容積絶対湿度と水蒸気分圧はほとんど似た値を示します。詳細は技術資料1を参照してください。

20℃50%（水蒸気を8.65g/m³もっている）の空気が、何かの理由で急に冷やされたとします。すると空気のグラスはどんどん小さくなりますが、入っている水蒸気は変わりませんから、その内に水蒸気が一杯の状態になります。これが相対湿度100%の状態で、これを飽和状態と呼びます。その限界に達した時の温度を露点温度と呼びますが、20℃50%の露点温度は8.7℃です。さらに冷やされれば、水蒸気は溢れて外に出てしまいます。結露のはじまりです。もし、この空気が窓ガラスにぶつかって、露点を超えて5℃に冷やされたとします。5℃の空気がもてる水蒸気は6.8g/m³ですから、8.65−6.8＝1.85g/m³が結露になってしまうという計算になります。

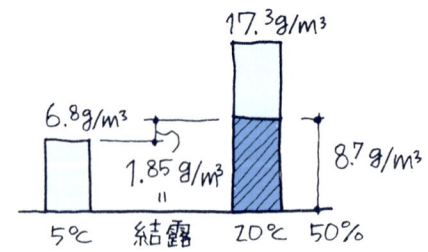

※温度の違いによる飽和水蒸気量を詳しく知りたい方は、技術資料1を参照してください。

なんだ9℃まで冷えなければ結露しないのだったら、普通の家でもクリアできるんじゃないの？と思うかもしれませんが、家の中で9℃以下の部分をどこにもつくらないというのは並大抵のことではありません。

また、20℃50%というのは断熱・気密性の高い家での快適な環境

であって，現実はもっと過酷で石油ファンヒーターを燃やして暖房をとろうものなら，燃焼しながら激しく発生した水が部屋の中に充満し，湿度は80％を超えます。20℃80％の空気の露点温度は16.2℃ですから，ちょっと冷えた部分があればそこが結露することになります。あちこちにカビが繁殖する理由がわかるというものです。

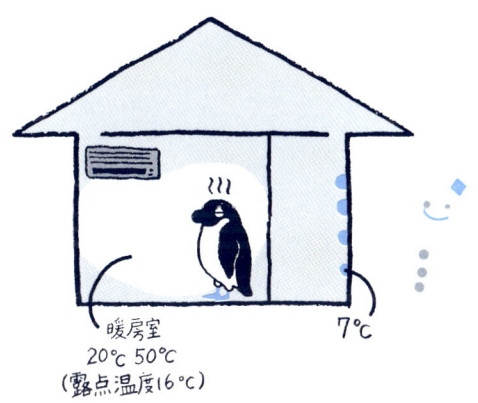

暖房室
20℃ 50℃
（露点温度16℃）

7℃

# 4. 空気線図ってなに？

さて，こうした状況は空気線図をみればよく理解できます。この空気線図は大変重要なもので，空気の温度の変化によって含み得る水蒸気量（絶対湿度），露点温度，さらには空気のもっている熱量までここから読みとることができます。実際の空気線図は複雑なので詳細な空気線図を技術資料2で示し，ここでは簡略化したものを紹介します（次頁）。簡略化したといってもむずかしそうですね。

まず横軸は温度で，縦軸は絶対湿度が示されています。この時の絶対湿度はこれまで使ってきた容積絶対湿度（$g/m^3$）ではなく，重量絶対湿度と水蒸気圧が示されていますが，同じようなものです。温度には乾球温度と湿球温度と露点温度が示されています。

横軸の温度を垂直に上にもっていくと，飽和線にぶつかります。これがこの温度の時の飽和状態になります。つまり湿度100％の状態。

含んでいる水蒸気の割合で相対湿度が決まります。その相対湿度の点から右に水平に線を引いていくと絶対湿度を知ることができます。

同様に左に水平の線をもっていくと飽和水蒸気圧の線にぶつかります。これが100%の状態で，交点を垂直に下ろしていった温度が露点温度となります。このように空気線図を読むことで，空気が結露する様子を知ることができます。

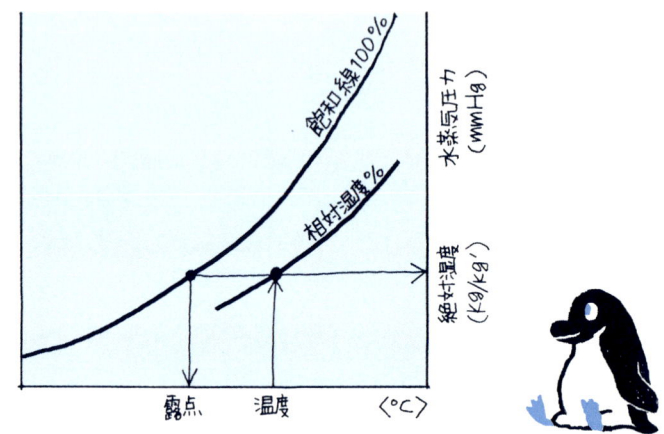

では一度，技術資料2を使ってトレーニングしてみてください。20℃60%の空気は何度で結露するでしょうか？

## 5. 結露はどうして防ぐ?

さて，結露が起こる原理がわかったところで，次ぎに結露を防ぐ原理を考えてみましょう。これがわかれば結露問題は解決してしまうわけで，この本も終わってしまいますが，結露を防ぐ原理は簡単ですが，その実践は応用問題なので簡単ではありません。この本一冊分の知識が必要なのです。まだまだはなしは序の口です。

結露を防ぐには以下の二つの方法があります。

①一つは空気を冷やさないことです。

冷えなければ，空気は小さくならないのですから絶対に結露しません。

2 もう一つは含んでいる水蒸気の量を少なくすることです。

空気の中に入っている水蒸気が少なければ，その空気は冷やされても冷やされても結露するところまで至りません。この状況は絶対にとはいえませんが，結露しにくい状態だといえます。

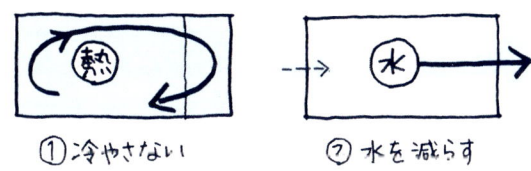

①冷やさない　　②水を減らす

欧米では前者の冷やさないという方法を採用してきましたが，日本では後者の空気中の水蒸気を減らす方法を採用してきました。なぜかというと日本の家は寒いので，冷やさないというわけにはいかなかったからです。そのために隙間風が出入りして，水蒸気を飛ばすくらいの方が安全だといってきたのです。しかし，この日本的な結露対策は残念ながらよい結果を生みませんでした。そのために，家の中にカビ・ダニを繁殖させるような結果になったのです。

## 6. 表面結露と内部結露

住宅の結露は，表面結露と内部結露の二つに分けられます。

表面結露というのは文字どおり，部屋の内装材の表面に起こる結露のことで，ビニールクロスをカビで汚したり，窓ガラスを濡らしているのがこの表面結露です。

また，内部結露というのは壁の内部や天井裏，床下など，見えない部分で起こる結露のことで，見えないのでいつのまにか壁の中を腐らせたり，白蟻を招いたり……とても危険な結露です。

見える結露と見えない部分で起こる結露では，及ぼす害も違ってき

ますし，その対策も違ってきますので，区分しています。まず，表面結露からはなしを進めていきましょう。

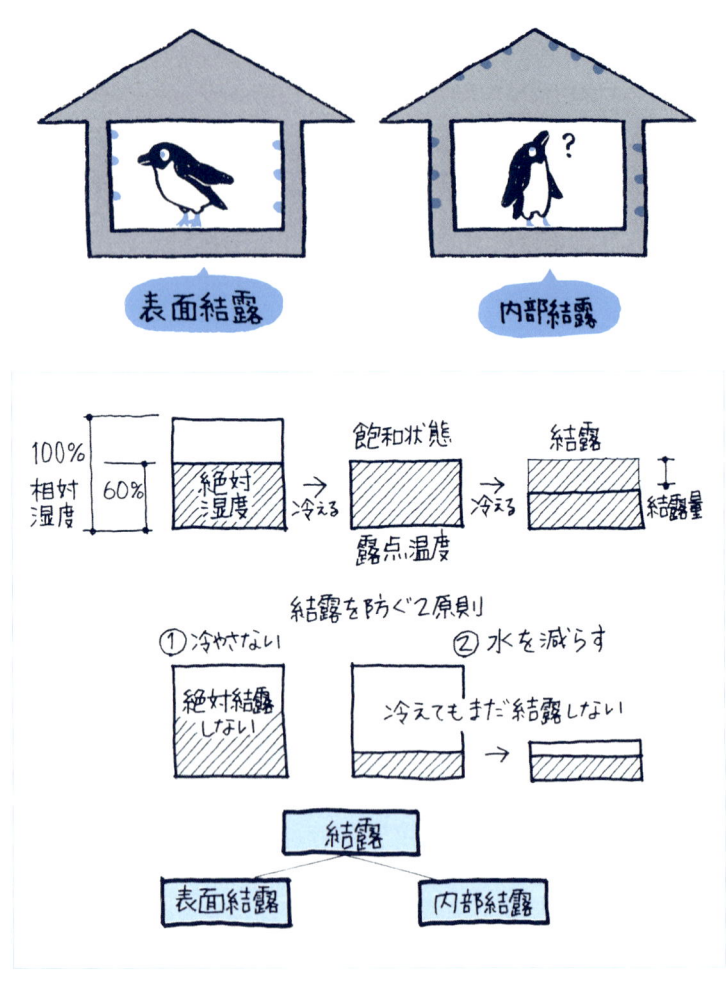

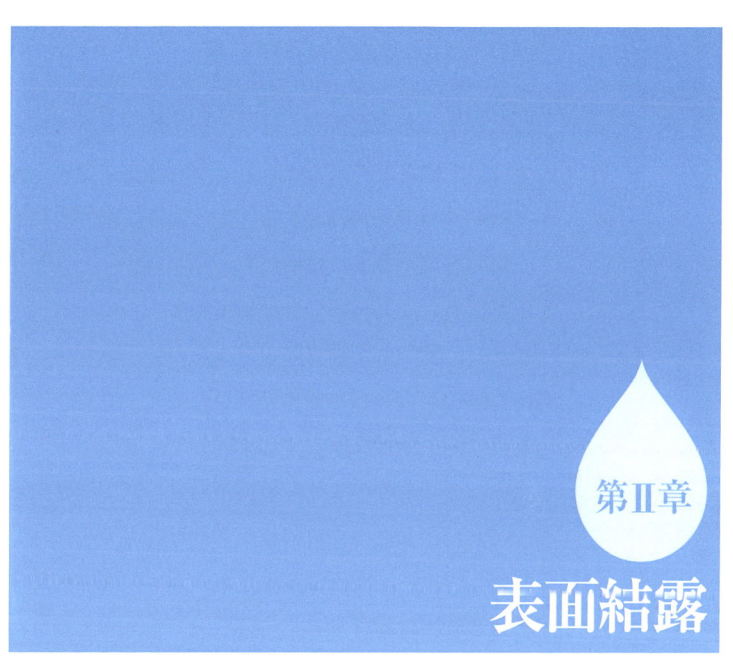

第Ⅱ章

表面結露

# 1. 昔の家は結露しなかった

今の日本の家は結露だらけですが、ふと考えてみると私たちが子供の頃は家で結露なんかなかったような気がします。昔の家は結露しなかったのに今の家が結露するのは、家の気密性が高くなったからだとよくいわれています。確かに気密性が高まったことは、結露を発生させる要因の一つであることは事実です。

しかし、昔の家が結露しなかったのは、家の中に暖かい部屋と寒い部屋の区別がなかったからではないでしょうか。

昔は火鉢や炬燵を囲んで暖を採っていました。これを暖を採るという意味で採暖と呼びます。隙間だらけの家では部屋という単位を暖めることができなかったために、火鉢を囲んでの採暖しかできなかったのです。因みに、暖房の房は家とか部屋を意味します。

採暖と暖房は結露を考える時に、とても大きな意味の違いをみせます。採暖をしている状態では、家の中は全体的に寒くて温度差ができないので結露はしません。一方、暖房している状態では、全室暖房にしていれば、家の中に温度差はできませんが、暖房する部屋としない部屋をつくれば、結露してくださいといわんばかりの状態になってしまいます。

## 2. 今の家は結露だらけ

①個別・間欠暖房

　日本では家全体を暖房することは珍しいことで，一般的には普段使う部屋だけ暖房して，他の部屋は冷えたままを当たり前にしています。これを個別暖房と呼んでいます。

　また，出かける時も暖房を消して出かけます。これを間欠暖房と呼んでいます。

　日本の家は断熱・気密性に無頓着ですから，隙間風が入ってストーブを燃やしても温まりません。直火を激しく燃やさないと暖まらない状態なので，快適を得るには沢山のエネルギーを消費しなければいけません。

　そのため，私たちは快適を求めることに後ろめたさを感じてしまいます。快適は贅沢なこと……だから日本人にとっての省エネルギーは我慢すること，節約すること，という意識になってしまうのです。そして，できるだけ暖房しないようにしよう（個別暖房），不在の時は暖房を消そう（間欠暖房）になってしまうのです。

②開放型ストーブから水が発生

　そんな状況で暖房には消極的ですから，当然暖房器具への関心は高まりません。その結果，石油ファンヒーターのような開放型ストーブが当たり前のように使われています。開放型ストーブというのは室内の酸素を燃やして，その燃焼ガスもまた室内に放出するタイプのストーブのことです。

　これに対して，室内の酸素を燃やしますが，燃焼ガスは煙突から外に放出してしまうストーブを半密閉型といいます。暖炉がその例になります。そして，酸素は外から取り入れ，燃焼ガスも外に放出するストーブを密閉型といいます。FFストーブがこの例です。

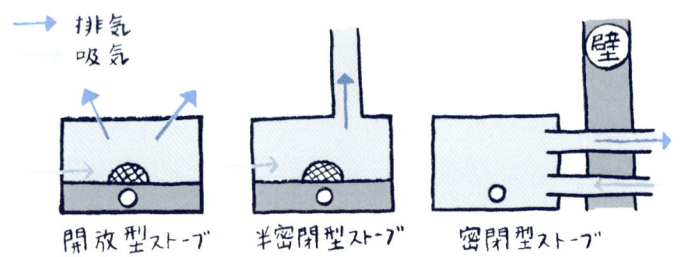

　部屋の中で開放型ストーブを燃やすということは，部屋の中で囲炉裏を燃やしているようなもので，室内の空気はとても汚れたものになります。石油が燃える臭いはとても不快ですし，炭酸ガスを放出するだけでなく，不完全燃焼を起こせば一酸化炭素まで発生させる危険性をもっています。また，窒素酸化物のような有害な化学物質も出てきます。

　そして，ガスとともに吹き出されているのが大量の水です。

　石油やガスのような化石燃料を燃やすと，炭酸ガスと水が発生します。どのくらいの水が発生するかというと，なんと1ℓの石油を燃やすと1.13ℓの水が発生するのです。何か不思議な気がしないでもありませんが，これが化学反応というものです。石油だけではありません，プロパンガスはもっとひどくて1ℓで1.63ℓの水を噴き出します。で

も熱量の1kcal単位で比べると，石油もプロパンガスも大差なく0.13gの水をつくるのに対して，都市ガスは実に0.2gの水を出します。つまり，都市ガスが一番水をつくっているのです。

こんな状態ですから，部屋の中で開放型ストーブを燃やすと激しく水を放出し，その水は家の冷え込んでいる部分で結露をつくっているかもしれないのです。

|  | 水蒸気発生量 | 水蒸気/発生量(g/kcal) |
|---|---|---|
| 都市ガス | 450-620g/m³ | 0.198 |
| プロパンガス | 1,630g/kg | 0.136 |
| 灯油 | 1,130g/ℓ | 0.133 |

（出典:山田雅士著「結露をとめる」井上書院）

### ③ 換気が不足

最近の家が結露してカビやダニを繁殖させているのは，建物の気密性が高くなったからだとよくいわれます。確かに気密性が高まれば，生活上の水蒸気が多くなって結露しやすくなります。開放型ストーブだけでなく，生活していれば沢山の水蒸気が発生します。

沸騰している鍋からは1,400～1,500g/hも水蒸気が出ています。蓋をすれば500～700g/hに減少します。入浴中は1,000～1,500g/hも出ているといわれています（詳細は技術資料3を参照）。しかし，こうした一つ一つの水蒸気発生量を知ることはできても，実際の生活の中での水蒸気発生状況については知ることができません。そこで実際の生活の中でどんな風に水蒸気が発生しているかを想定したものがありますで，技術資料4に載せておきます。一日の生活でどれだけ水蒸気が発生するのかを，時間と項目で追うのはかなり大変です。

また、一日の水蒸気発生量について、ある試算によると、冬の40坪程度の家の中で4人家族が生活すると、水分発生量は6.7kg/日となりました。つまり家の中で6.7ℓの水が発生するのですから、大変な量です。

> ※4人家族で一日に発生する水蒸気量＝6.7kg
> 　換気（0.5回/h）による一日当たりの水蒸気排出量＝13.1kg
> 　東京、床面積135m$^2$、気積310m$^3$、室内20℃40％、外気4.1℃53％
> 　建築技術別冊8「結露の完全防止マニュアル」黒木勝一『外張断熱の壁体内は湿気が籠もらないのか』

　さて、ここで換気をしていればこの水蒸気を放出できるのかどうかが重要な問題です。

　一般に必要な換気量は0.5回/hとされています。これは生活する空間の空気が1時間に半分（0.5回）だけ外の空気と入れ替わるということで、省エネルギー基準の指導もこの数値を採っています。

　そこで0.5回で換気した場合に、一日に13.1kgの水分を排出できるので、換気がきちんとできていれば生活上で発生した水蒸気は十分に排出できることになります。

　0.5回/hという換気量の設定は、人間から出る臭いや、埃を除去できる量を考えて設定されたものですが、空気を汚さないために設定した換気量を確保していれば、生活水蒸気は十分に排出されるということです。

　しかし、この換気が不足すれば結露の発生を助長することになりま

す。日本では昔から隙間の多い家に住んでいましたから，隙間風が激しく出入りしていた状態で，十分過ぎる換気量がありました。こんな状態では部屋を暖めることはできませんので，採暖をしてきたわけですが，やはり日本人も採暖の不快さから脱出したくなって，暖房をはじめました。つまり気密化に目覚めて壁をつくりだしたのです。

　風が吹けばガタガタと音を立てた木製建具がアルミサッシに変わり，壁の気密性が高まると，従来の隙間風任せでは換気量が不十分になります。

　最近では高断熱・高気密住宅が少しずつ増えて，一挙に猛烈な高気密と隙間だらけの家に二分されているようにみえますが，実は普通の家でも気密性は高まっていて，すでに換気量が不足している状態になっていることを知る必要があります。最近の幾つものデータがそれを物語っていますし，2003年7月に施行されたシックハウス法が，一部の伝統的なつくりの隙間の大きな家を除けば，すべての家に換気を義務付けたのも，今の家が換気量不足であることを物語っています。

　それでも高気密住宅という存在があるために，普通の家は隙間風で十分だと思い込んでいる人が多いのです。もちろん高気密に興味のない人は気密測定も換気量の調査もしたことがありませんから，実際に建てた家がどれほど気密で，どれほど隙間風が出入りしているか知っているわけではありません。ただ高気密に反発して，そこまで高気密にする必要はないといっているだけで実態は把握していないのです。

④ 調湿するものがない

　家の中で発生した水蒸気は換気によって外に放出されるだけでなく，内装材に吸収されます。

　昔の家は木造で，柱と柱の間に土が塗ってありました。床は板や畳で，天井は板で，襖，障子は紙でした。これらの素材すべてが，室内の湿度が高くなれば湿気を吸い込み，また室内が乾燥してくれば放出する機能をもっていました。これを調湿性といいます。土壁は例えその部分で結露しても，水を吸い込んで表面をぬらすようなことはありませんでした。昔の建材はその調湿性で，結露を防ぐ力をもっていたのです。

　しかし，今日の家は石膏ボードの上にビニールクロスを貼ったり，床も新建材のフローリングになったので，水を含むどころか，水をはじくことを主旨としているような状態で，結露してしまえば水滴がビッシリつく状態になっています。

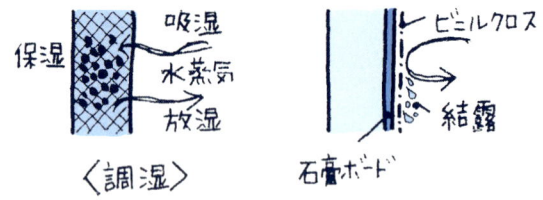

⑤ 日本の家は結露発生器

　繰り返しになりますが，日本の家は断熱・気密性に無頓着なので，暖房は個別・間欠暖房になり，暖房機は有害なガスとともに水を大量に吐き出している開放型ストーブを当たり前のように使っています。

　また，もともと開放的な家の伝統をもつ日本ですから，気密性が高まってもまだ換気装置は不要で，隙間風で十分と思いこんでいます。

　そして建材は自然の材から新建材に移行して，調湿する力を失っています。

　さらに，冷ショックを起こしてお年寄りが脳卒中の危険にさらされ

ているというのに，こうした寒い冬を味わうことが日本の冬の物語だという人もいます。こうした快適は贅沢で人を弱くするという論理が，日本の個別暖房の家をよしとしてきた原因です。

こんな日本の家には暖房している部屋と廊下を挟んで暖房していない部屋（非暖房室）が存在します。廊下が断熱材になって，熱は他の部屋まで回りませんから，非暖房室は冷え込みます。

熱は回らなくても，暖房している部屋の水蒸気はどんどん非暖房室まで流れてしまいます。そして一番冷えた部分にぶつかって結露します。あまりにも当たり前の話です。ここまで勉強してきた結露の知識があれば，容易に理解できます。

要するに，今の日本の家はいろいろな意味で結露発生器の状態なのです。

# 3. 表面結露を防ぐ

結露発生器状態の日本の家から脱出しようとする時，方法論を一つにくくることはできません。なぜなら，新築の場合ははじめから結露

対策することができますが，今結露に悩んでいる家を結露から開放する場合はまったく違った方法を採らざるを得ないからです。この辺りをごっちゃにして結露防止策が語られているので，いろいろな誤解が生まれています。では，まず新築で結露しない家をつくるケースからスタートしましょう。

既設住宅

新築住宅

① 新築の場合

まず，全室暖房にします。

えーっ！そんなことしたら莫大な燃費がかかるよー，という声が聞こえてきます。でも，全室暖房にしなければ非暖房室の結露は防げません。日本にはあまりにも贅沢にみえる全室暖房ですが，欧米ではあまりにも当たり前のことです。冷やさなければ絶対に結露しないという，防露の原則は全室暖房でなければ実現できないのです。

さて，大変なことになりました。全室暖房は日本にとって未知の世界です。でも，ご安心ください。日本でも全室暖房住宅が20年も前から始まっています。それがいわゆる高断熱・高気密住宅です。この高断熱・高気密という言葉はむやみやたらと断熱して気密にする家と思われ勝ちなので使いたくないのですが，一般用語になってしまっているのであえて使うことにします。

高断熱・高気密住宅が開発されたのは，快適さを求めるためではありませんでした。やはり寒冷地の家から結露をなくしたいという目的で全室暖房が目標となり，無理のない燃費で全室暖房を実現するために，必要な断熱性と気密性を求めたものです。

　これまでの目的のない中途半端な断熱・気密行為を改善するという意味を込めて，高断熱・高気密住宅と呼ぶことにしたのです。

　日本は南北に長くて，寒冷な地域もあれば温暖な地域もあります。しかし，沖縄を除けば冬には0℃を下回る日をもつ寒い地域ばかりです。したがって，寒冷地ではない地域でも暖房は不可欠で，冬の結露が起こっています。それを防ぐためにはやはり全室暖房にするのが前提で，そのために必要な断熱厚みは温暖地の方が寒冷地よりずっと小さくてよいのです。

　それなのに温暖地の人たちが「ここは寒冷地じゃないから高断熱・高気密はいらない」といいながら，開放型ストーブを燃やし，個別暖房をしているのは何故でしょうか。寒い地域ほど住宅の性能が向上し，少ない燃費で全室暖房をしています。冬もっとも快適なのは北海道で，寒いのは九州の家。本末転倒なはなしです。

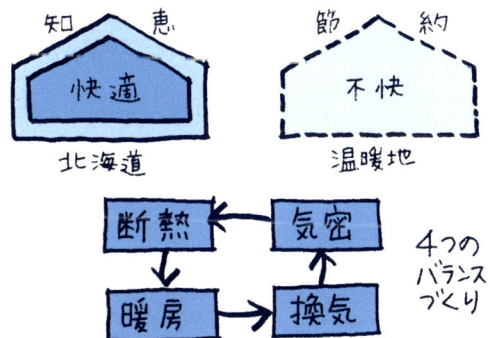

　高断熱・高気密住宅はむやみに高い断熱性をもとう，とする家ではありません。全室暖房を目的にその地域の気候に合わせた十分な断熱性と気密性をもち，気密化による換気不足を機械換気または自然換気

(隙間風ではない)で補う行為……，これを断熱・気密・暖房・換気の四つのバランスづくりといいます。

　高気密住宅に反発している人の多くは，「空調に支配された家」という印象をもっています。むやみに断熱・気密して，空調で快適な環境を維持する住宅というイメージです。確かに現状のほとんどの高断熱・高気密住宅は，こうした閉鎖的で空調に支配されたものかもしれません。

　でも，高断熱・高気密住宅は窓が小さくなければいけないものではありません。日本の家ですから窓を大きくとって，四季の変化を家の中からも感じる家にしたいものです。幸い日本は欧州やカナダに比べて冬の日射量が大変大きいのですから，大きな窓をもっても損はなく，むしろ冬は日射を取り入れて暖房をほとんどしないで，済ませることができることだってあります。

　断熱・気密をしっかりして，窓から自然を取り入れることで暖冷房を調整する家のことをパッシブ住宅といいます。日本の高断熱・高気密住宅はこのパッシブ住宅を目指すことで，窓の大きな快適・省エネルギー住宅になり得るのです。

　断熱・気密性を限りなく高めた閉鎖的な家で，小さな空調で快適な環境をつくる家はアクティブな空調住宅と呼んで，パッシブ住宅と区別しなければなりません。

　さあ，ちょっと力が入ってしまいましたが，ここまで読んでいただければ高断熱・高気密住宅への抵抗がずっと減ってきたと思います。

また，全室暖房がずっと近いものになったと思います。こうした高断熱・高気密住宅のことについては，拙著「高断熱・高気密バイブル」（建築技術）を読んでいただきたい。

### ②今のままなら対処療法

さて，新築の場合には断熱・気密性を十分に採り，計画換気をもった全室暖房の家づくりをすることで一挙に結露から開放されることがわかりましたが，今住んでいる家がカビで悩んでいる方のためには二つの選択肢があります。

●一つは断熱・気密改修をして計画換気をもち，全室暖房にすることです。ここまですれば万全です。現在ではこうした工事が珍しいことではなくなっていますので，不可能なことではありませんが，ちょっと大変な工事になります。間違っても断熱・気密に知識のない業者には依頼しないことです。逆に内部結露を招きかねません。

●もう一つはそのまま対処療法をすることです。

一般に指導されている結露対策といえば「結露防止の四原則」が示しているように，家の中で水分を発生させるな，時々窓を開けろといったことばかりです。

## 結露防止の四原則

①過度な湿度の防止（60％以内）
②換気の促進
③空気の流通をよくする
④室温を適温に保つ

これらを実現させるために

①-1：室内では洗濯物をできるだけ干さない
①-2：室内の水槽や植物を少なめにする

①-3：浴室の戸を開け放しにしない
①-4：暖房器にやかんなどをのせない
①-5：加湿器の使用は最小限にとどめる
①-6：できるだけ密閉型の暖房器を使用する
②-1：窓を開けて換気する
②-2：小窓や換気口で換気する
②-3：換気扇で換気する
②-4：浴室や使用しない部屋も換気する
③-1：壁・床に接して家具などを置かない
③-2：押入の中でも壁・床に接して物を置かない
③-3：床下換気口の近くに物を置かない
④-1：室温は適温（冬20℃〜23℃，夏25℃〜28℃）
④-2：家の中で低温の場所をつくらない
（出典：建設省監修「結露防止ガイドブック」（財）住宅・建築省エネルギー機構（IBEC））

とにかく結露発生器の状況の中での対策ですから矛盾だらけです。水蒸気を出すことが当然の環境のまま，それをやめろといっているようなものですから無理があるのです。

　家の断熱・気密性がないから個別暖房になり，そんな暖房に対する無関心が開放型ストーブを使わせて水を吹き出させています。部屋の中が寒いから，洗濯ものも乾きません。乾かないから長時間干して，部屋の中は湿ったまま……。いったい何をしているのか？と笑われて当然の状態です。

　本書は非情ではありますが，こうした，今結露して困っている建築に対してどうすればよいのかを提案することはしません。そうした本は沢山出ていますので，それを参照していただきたいと思います。本書では結露の基礎知識をもっていただくことによって，対処療法の難しさを知っていただくことの方が重要だと思っています。

③ 洗濯物はどんどん干しなさい

　さて，対処療法の中でやってはいけないとされている「洗濯物を干す，水槽や植物をもつ，浴室の水蒸気を出す，加湿する……」といった事項が，すべて全室暖房の家には逆にプラスに働くといったら信じてもらえるでしょうか。結露対策というのは，これほどまでに状況によって変化するものなのです。では，その理由を話してみます。

　暖房の温度といえば20～22℃といったところですが，そこに冷えた外気が入ってきます。冬は乾燥してますから，外気は冷えて乾燥した空気です。例えば一月の東京の平均温湿度は4℃50％程度ですが，その温湿度の空気が含んでいる水蒸気量は3.2g/m³です。この空気が

家の中に換気や隙間風となって入ってくると一挙に暖房によって20℃に暖められます。20℃の空気の飽和水蒸気量は17.3g/m³ですから，3.2gは17.3gの18%となります。つまり相対湿度は18%という超乾燥した空気になってしまうのです。

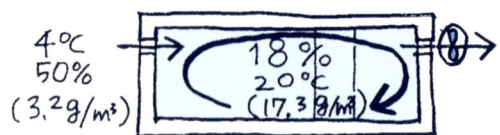

したがって，生活水蒸気を考慮しない計算だと家の中は20%を下回るような過乾燥状態になります。湿度は50%程度が健康にちょうどよいといわれ，40%を下回らないことが目標になるのですが，実際の全室暖房住宅は30%台の過乾燥状態になる場合が多いのです。

これが高断熱・高気密・全室暖房の欠点だと指摘する人も少なくありませんが，低断熱・低気密・個別暖房でも，暖房している部屋は同じように過乾燥になるはずです。理屈は同じことですから当然です。では，なぜこれまでの個別暖房の家は過乾燥にならなかったのでしょうか。

それは部屋の中で加湿していたからです。加湿源は開放型ストーブでした。さらに，ストーブの上にヤカンを載せることまでしていました。ストーブから激しく水が発生しているにもかかわらず乾燥するので，さらに加湿していたのです。要するに個別暖房でも過乾燥状態であることに違いはなかったのですが，ストーブ自体，そしてヤカンや加湿器が加湿していた分，乾燥を逃れていたというわけです。

ということは，全室暖房の家でも加湿すればよいわけです。そこで頭に浮かぶのが，洗濯物や水槽，植物，浴室からの水分の発散です。全室暖房の家では，結露を防ぐためにしてはいけないと指導されていたことが，すべて歓迎することに変わってしまうのです。

個別暖房の家でも過乾燥になるのだったら，なぜ結露する？のでし

ょうか。個別暖房の家では、暖房室では結露せず、非暖房室で結露が発生しているのです。そこでじゃんじゃん除湿していますから、暖房室ではどんどん加湿しなければいけないという異常な事態が起こっているのです。そのため加湿は開放型ストーブぐらいで十分なので、他のものはなくせというのが防露の原則となるのです。

深く探れば探るほど、結露発生器状態の日本の家が悲しいものになってきますね……。

4 調湿で逃げる

さて、もう一つ表面結露を防ぐ方法があります。それが内装材に調湿性能をもたせることです。昔の家のように土壁や畳、板、襖や障子でできた家ならば、室内で過多になった水蒸気を一時的に吸い込んで保湿しておくことができます。

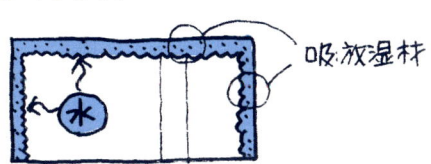

今日シックハウス対策として自然材の採用が積極的になっていますが、木材や土系のものは調湿効果をもっています。木材は木独特の吸放湿の仕方をしますが、土系のものは無数の小さな孔をもっていて、その孔に室内の水蒸気が吸い込まれ、また部屋が乾燥すれば放出するという状況をつくります。

結露発生器状態の愚かな暖房環境の家では、こうした調湿できる内

装材を用いることが対処療法としては最適な方法といえます。それでも，吸湿したら放湿しなければどんどん湿気を含んでしまいます。いつ吸って，いつ放出するかのバランスが崩れると，結局は水蒸気の状態を越えて結露状態になりカビの繁殖を招いてしまいます。調湿系の材料がかびると陰険で根の深いものになって，返ってやっかいなことになります。

　したがって，調湿系の内装材で真正面から結露に立ち向かうことは適切なことではありません。調湿材の存在は，一時的な結露に対しての保証のように捉えておくことにしましょう。

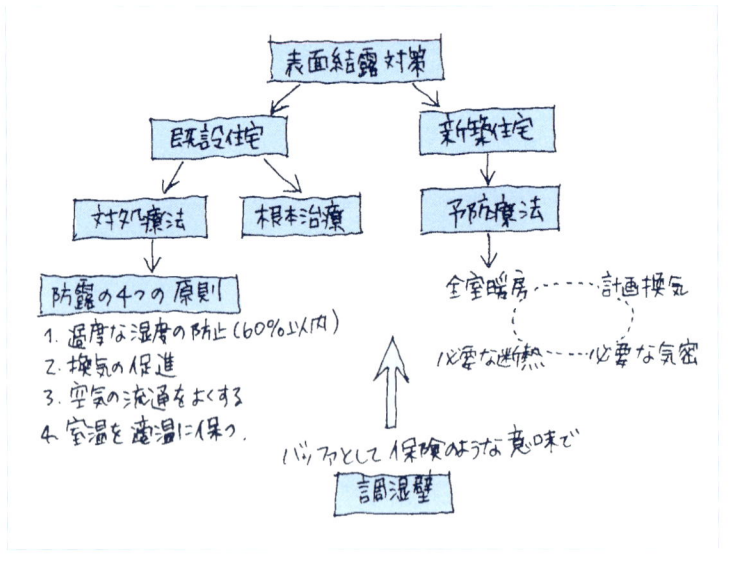

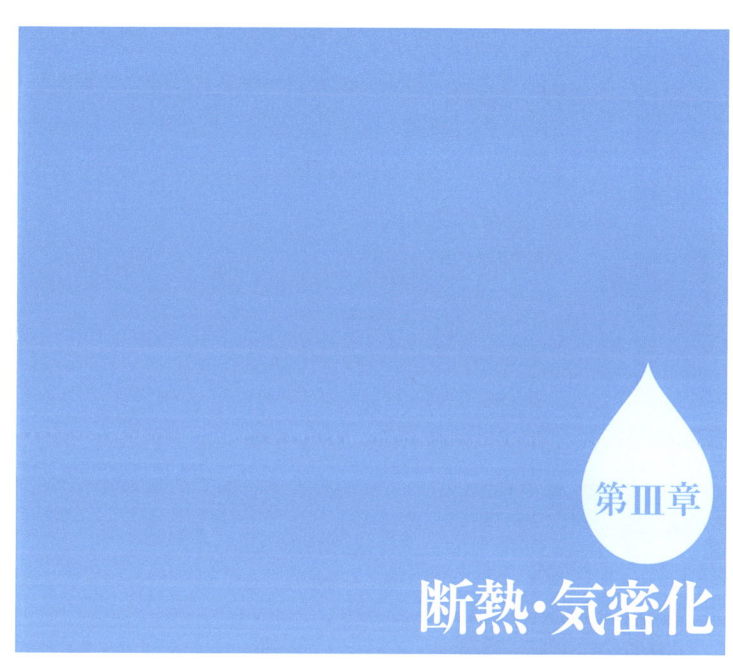

# 第Ⅲ章
# 断熱・気密化

表面結露が終わったところで次は内部結露という順番のはずですが，ここで一息入れて断熱・気密化について勉強しておきましょう。内部結露は断熱・気密化と直接に関係することなので，断熱・気密の知識をもっていないと理解することができないのです。

# 1. 断熱材と工法

## (1) 断熱材にも色々なものがある

断熱材といえば誰でも思い浮かぶのがグラスウールですが，断熱材には沢山の種類があり，高断熱・高気密分野になるとプラスチック系断熱材が目立って使われています。

断熱素材としては無機繊維系，木質繊維系，発泡プラスチック系，天然系に分類され，その中でまた幾種類もの材料に分類されます。

| 素材分類 | 材料名 | |
|---|---|---|
| 無機繊維系 | グラスウール | 透湿系 |
| | ロックウール | |
| 木質系 | セルローズファイバー | 調湿系 |
| | インシュレーションボード | |
| 発泡プラスチック系 | ビーズ法ポリスチレンフォーム | 透湿系 |
| | 押出法ポリスチレンフォーム | 防湿系 |
| | 硬質ウレタンフォーム | |
| | ポリエチレンフォーム | |
| | フェノールフォーム | |
| 天然系 | 炭化コルク | 調湿系 |
| | 羊毛 | |
| | 椰子繊維 | |
| | 木綿 | |

これら各種断熱材の特徴を述べようと思いますが，結露に関する項目で理解しておかなければいけないものに断熱性，透湿性があります。

詳しい性能は技術資料4に載せておきますので、ここでは単に水蒸気に対する性状だけを分類しておきます。第Ⅳ章内部結露の章で最も重要になってくるのが、この水蒸気に対する性状です。

●無機繊維系にはグラスウール、ロックウールがあります。グラスウールはガラス繊維、ロックウールは岩綿を素材としており、繊維状です。したがって、水蒸気は透過します。

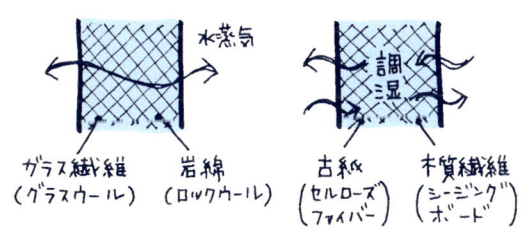

<図: ガラス繊維（グラスウール）、岩綿（ロックウール）、古紙（セルローズファイバー）、木質繊維（シージングボード）>

●木質繊維系のセルローズファイバーは新聞の古紙を再生利用したもの、インシュレーションボードは木質繊維を板状にしたもので、ともに木質なので調湿性をもちます。インシュレーションボードは断熱材というよりも、外壁の下地材であり、補助断熱の役を担うという感じです。

●発泡プラスチック系は魚箱などで使われているビーズ状の発泡スチレン、スタイロフォームなどに代表される押出法ポリスチレンフォーム、そして防湿紙を複合した硬質ウレタンフォーム、収縮性があるのが特徴のポリエチレンフォーム、難燃性のある発泡体であるフェノールフォームなど多種あります。高断熱・高気密工法として一般的に使われているのは、押出法ポリスチレンフォームと硬質ウレタンフォーム、フェノールフォームといったところです。

　プラスチック系は一般的に透湿抵抗が高いのが特徴ですが、特に押出法ポリスチレンフォームは透湿抵抗が高く、硬質ウレタンフォームは材自体は少し透湿性があり、現場発泡施工をした場合にはある程度透湿しますが、ボード状のものは表裏に防湿層が複合されているので

透湿することがありません。一方，ビーズ法ポリスチレンフォームは透湿性があります。

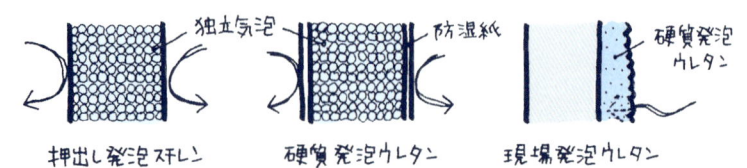

押出し発泡スチレン　　硬質発泡ウレタン　　現場発泡ウレタン

●天然系はエコロジー時代を反映して最近注目を集めているものですが，まだまだ小規模な輸入品の域を出ておらず，材質としての安定した性能値を把握できるところまで至っていないので，一つ一つのカタログ値を信用するしかありません。木質や羊毛，木綿など材質だけでも多種あり，すべて天然系なので調湿性をもっています。

② 内断熱・外断熱

次は断熱材の位置についてですが，コンクリート造の場合，躯体のコンクリートの内側に断熱材が位置するのを内断熱，外側に位置するのを外断熱と呼びます。木造と鉄骨造の場合は躯体の壁体内に充填されるのを充填断熱，外側にくるのを外張断熱と呼びます。

一般的には充填断熱も内断熱，外張断熱は外断熱と呼んでいるのですが，正式にはこのように呼び方を変えています。理由はコンクリートのように蓄熱性のある躯体と，木造・鉄骨造のように蓄熱性のない

躯体の場合とで区分しているのです。本書では正式な表現として木造・鉄骨造の場合は充填断熱，外張断熱という名称を使いますが，頭の中で内断熱，外断熱と読み替えてもらっても結構です。

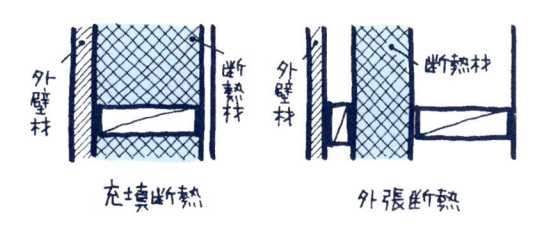

（図：充填断熱／外張断熱）

　最近になって外断熱がブームになり，内断熱は危険なものというイメージがつくられていますが，そんな短絡的な判断は正しいものではありません。本書は結露の視点から双方の長所短所をともに取り上げ，その欠点を補う方法を提案します。そのため初めから外断熱（外張断熱）が本物という偏見をもたずに，読み進んで欲しいと思います。

### 3 工法

　次は断熱材の施工法です。工法は躯体の構造によって，そして断熱素材によってさまざまに変化します。

●コンクリート造

　まずコンクリート造の場合ですが，内断熱の場合にはほとんどのケースでプラスチック系断熱ボードが使われています。理由は内部結露の章で解説しますので，第Ⅳ章までお待ち下さい。ボードをコンクリートに打ち込み施工（断熱ボードを型枠にしてコンクリートを流し込

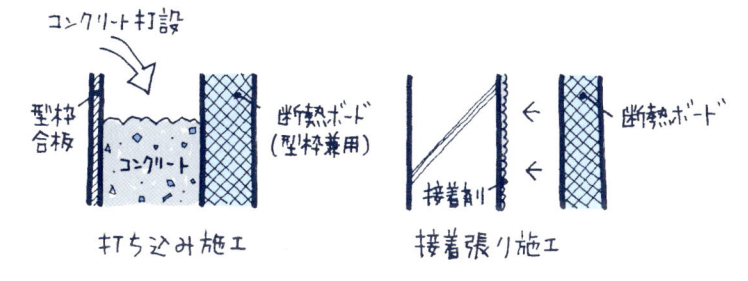

（図：打ち込み施工／接着張り施工）

み，コンクリートの乾燥とともに接着してしまう工法）するか，または接着剤でコンクリートに全面接着します。

内装材は断熱ボードに胴縁をつくって施工するか，石膏の粉を使った団子糊で圧着（弾力のある糊を圧しながら接着する）します。施工のことになるとプロ用語が出てきて大変だと思いますが，詳しく知る必要はないので，そんなものかという感じで読み進んでください。

下地張り施工　　　　　ダンゴ張り施工

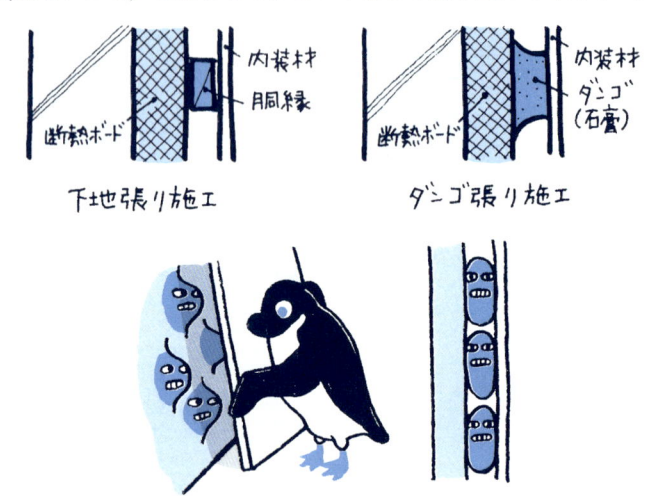

さて，外断熱になると工法も断熱材も多様になります。断熱材としてはプラスチック系だけでなく繊維系もありますし，木質系も出てきます。外壁も含めた施工法は，以下の4つに大きく分類できます。

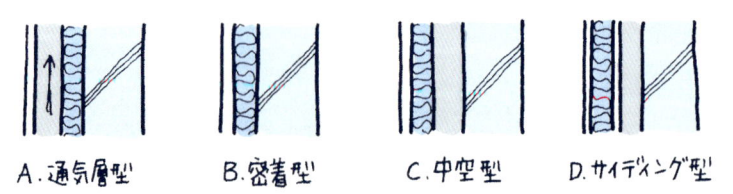

A.通気層型　　B.密着型　　C.中空型　　D.サイディング型

A.通気層型というのは断熱材と外壁の間に通気層があるものですが，外壁材は金物などで固定されています。B.密着型は断熱材をコンクリートに打ち込むか，接着し，外壁をコンクリートまで金物で固定したり，断熱材の外に塗り込んだりするものです。C.中空型は断熱材を団子状の接着剤でコンクリートに圧着した上に，外壁材を金物止めしたり，外壁と断熱材が一体になったパネルを圧着するものです。D.サイディング型というのは，コンクリートの外に胴縁（外壁を受ける下地）をつくり，断熱層をもった金属サイディングを施工するものです。

外断熱はコンクリートの外側に施工するので，外壁材との関係が出てきて工法が多様になるのです。結露を考える上でのポイントは，コンクリートが水蒸気を含んだ時にどうやって外に放出するかという点です。これは第Ⅳ章のテーマです。

● 鉄骨造

鉄骨造の場合には，鉄骨の外側に断熱材がないと鉄骨が熱橋になってしまいます。熱橋の結露については後述します。そこで，鉄骨の断熱は外張断熱が基本になります。

● 木造

木造の場合は充填断熱と外張断熱の双方で，多様な断熱材が多様な工法で施工されます。次表に示すように充填断熱では，繊維系断熱材の場合はマット状やロール状のものを柱の間に挿入するか，粒状にしたものを機械を用いて吹き込んだり，吹き付けたりします。

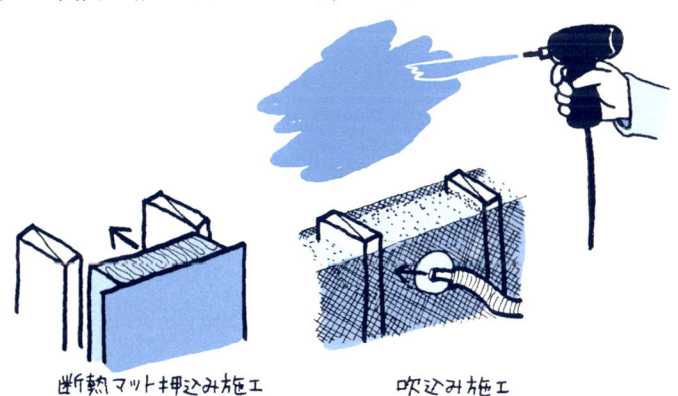

断熱マット押込み施工　　　吹込み施工

充填断熱の場合には繊維系断熱材を用いることが多いのですが，プラスチック系でもボード状のものを柱の間に挿入したり，硬質ウレタンフォームを現場発泡したり，ボード状のものをパネルの中に組み込んだりします。

外張断熱ではほとんどの場合プラスチック系のボードが使われますが，最近では繊維系ボードを施工することもはじまっています。また，

天然系の炭化コルクを外張りすることもあります。

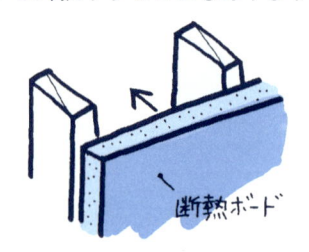

[図：断熱ボード]

| 充填断熱 | 素材 | 外張り断熱 |
|---|---|---|
| 挿入（マットまたはロール）吹込み、吹き付け | 繊維系/グラスウール、ロックウール、セルローズファイバー、天然系/羊毛、木綿、椰子繊維 | ボード状 |
| ボード状 現場発砲（ウレタン） パネル | プラスチック系 天然系/コルク、木質繊維 | ボード状 パネル |

　専門的でわかりにくい分類だったと思いますが，実際の建築の場合には，オリジナル名のついた工法が沢山存在していますので，その中から選択することが一般的です。

　選択基準として最初に出てくるのが，省エネルギー基準や性能表示の認定（国土交通大臣認定）を受けたものかどうかということです。省エネルギー基準による認定は住宅金融公庫の融資条件，あるいは割増融資を得るための条件になります。また，性能表示というのは平成13年からはじまった品質確保促進法の一項目で，共通の基準で住宅の性能を評価する制度です。

　これらの工法は認定の段階で断熱・気密性能だけでなく，結露に対する安全性も確認されているので建主にとっては安心ですが，それでも業者の防露についての考え方や知識を確かめておく必要があります。この本はそこできちんと質問できて，しかも業者の説明が理解できるまでの知識をもっていただくことを目的にしています。一方，業者側にとっても建主の皆さんが正しい知識をもつことは大歓迎のはず

です。中途半端な知識で，疑いの意識だけをギラギラさせた建主の質問に適切に答えるのは大変で，時には正直な答えでさえうさん臭いものに受け取られてしまいます。したがって，建主の皆さんが正しい知識をもつことは大歓迎のはずです。

内断熱だというだけで「危険」と思ってしまう今日の外断熱ブームも困ったものですが，正しい知識をもてば，どんな素材，どんな工法にも欠点はあり，その欠点を他の材との組合せで安全なものにすることが工法というものの価値であり，存在理由だと知ることができるようになります。

素材だけで，あるいは内断熱というだけで「これはダメ」「これは危険」といった近視眼的な減点法は建主に利益をもたらしません。メーカーや業者にとっては，小さくて狭い視野に建主を追い込んで，競合品の弱点を大げさにしゃべりまくることがもっとも楽な営業方法なのです。

他社や他の品の悪口ばかりいう人や，内断熱は危険だとか，外断熱は有益だとか書いてある本を使って営業するような業者は，はじめから「どこまでの知識あってのことか？」を疑ってかからなければなりません。

また，断熱・気密性能が高いだけでよい家になるわけではありません。断熱・気密・結露・換気の知識は家づくりの基本であって，当たり前のことです。それを強調するよりも前に，居住者の生活を考え，家だけでなく町に対する意識をもち，地球環境のことまで広がる視野をもち，そして，その家が将来高い価値を持続するものであるのかまでを提案する業者こそが，「よい家」をつくる力をもっています。住宅にもっとも大事なことは，総合的な計画とそれを反映するデザインです。工法だけで勝負するような業者には，計画する能力もデザインする意欲もありません。

何だかはなしがそれてしまいましたが，重要なことなので特記しま

した。

　さて，断熱工法の採用に際して必要な項目は断熱・気密性能だけではありません。断熱工法は外壁や通気層と関係しますので，防火性というもう一つの性能が要求されます。この防火性にも認定制度があり，法的に耐火建築，準耐火建築，防火構造など，段階別の認定を受けた工法を採用しなければなりません。

## 2. 必要な断熱・気密性能

### ⑴ 防露のための断熱性能

　息を抜くどころか，いろいろある断熱材や工法の実態を把握することは，論理を追いかけるよりもっと面倒でわかりにくいものだったと思います。では，次ぎに結露を防ぐために必要な断熱性能について考えてみましょう。

　壁に断熱材が入っていなければ，内装材までが外の冷気にさらされて冷え込んでいますから当然，結露しやすくなります。図のように温度は内装材表面から外装材まで勾配をつくりますが，これを温度勾配といいます。

断熱なし　〈温度勾配〉　断熱あり

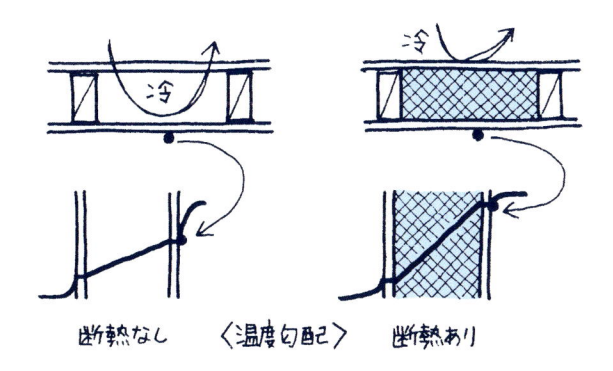

次に、この壁に断熱材を挿入します。すると、内装材表面の温度が高まります。ここで内装材の表面で結露するかどうかをみるには、室内の空気の露点温度が内装材の表面温度より高いか低いかをみればわかります。もちろん露点温度より内装材表面の温度が高ければ、結露はしません。

今、室内が20℃50%だとします。この場合の露点温度は8.7℃です。外気が0℃で、断熱材としてグラスウールが100mm施工してあるとします。この場合、内装材の表面温度は19℃になります。露点温度より高いので結露しません。でも、断熱材がないと13.6℃となってしまいますが、それでも露点より高いので結露しません。表面温度を求める計算式の根拠は技術資料5に示します。

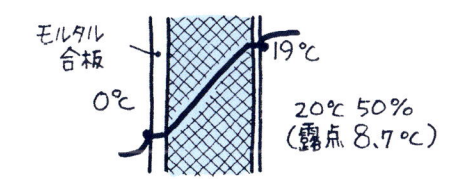

モルタル
合板　　19℃
0℃
20℃ 50%
（露点 8.7℃）

②施工不良は性能を帳消し

しかし、断熱材がしっかり施工されていないとこうした計算は成り立ちません。どういうことかというと、断熱材と柱の間に隙間があったりすると冷気が対流してしまって内装材を冷やしてしまうからです。また、内装材と断熱材の間に空洞ができると、床下から天井まで

通じる煙突になって冷気が走りますから，同じように内装材を冷やしてしまいます。

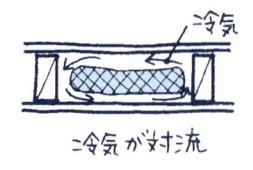

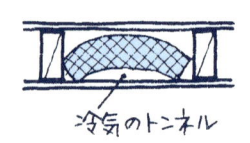

冷気
冷気が対流
冷気のトンネル

　断熱材は隙間なく施工しないと，意味がないのです。木造在来工法の場合，一般的な柱は105mm角ですから，壁の厚みは105mmということになり，そこに50mmの断熱を挿入しても隙間だらけになることは当然です。そんなことを平気でやってきたのが，今までの日本の家です。何の意味で断熱しているのかわからず，住宅金融公庫の融資をもらう条件をクリアするためだけに施工されてきたのですから，断熱なんて面倒なものでしかなかったのです。

　写真はそんなずさんな断熱施工の例です。目を覆いたくなるような状況です。グラスウールがきちんとつながっていないので，ところどころに断熱材切れの穴がみえます。こんな施工で家が暖かくなるはずがありませんし，当然結露が起こります。とても残念なことですが，まだまだこんなケースは少なくないのです。

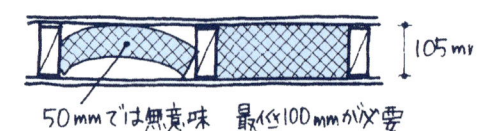

50mmでは無意味　最低100mmが必要　105mm

　高断熱・高気密という言葉に，反発する人は少なくありません。それは過度な性能，過度な快適，そして気密化の危険を思ってのことで

すが，断熱というのは隙間なく施工することが基本中の基本なのです。そのためには，壁の中にしっかり納まる100mmの断熱材が必要になります。それはもう立派な高断熱であり，そして最低厚みなのです。

③箪笥の裏側は冷える

　防露上の断熱性能（厚み）は，これまで述べてきたように内装材表面温度と室内空気の露点温度を計算すれば判断できます。しかし，実際の防露計算は内装材の表面温度で判断しているわけではありません。

　前述した表面温度の計算は内装材の前に何もない状態を想定していますが，実際は箪笥が置かれたり，押入のようなものがつくられたりします。

　箪笥が置かれると状況は一変します。箪笥の裏側には室内の空気がスムースに回らないので，澱んだ状態になります。空気が澱むと熱が伝わりにくくなります。また，箪笥が断熱材の役目をするので，箪笥の裏の壁には熱が回りにくくなります。

タンスが断熱材になって裏の壁が冷える

　そのため箪笥の裏側の壁は冷えやすくなって，結露してカビが生えることが多いのです。空気が澱んで熱が伝わりにくい状態なのは，部屋の隅（隅角部といいます）も同じです。ここもカビで汚れやすいところです。押入は襖を閉めるだけで空気が回りにくくなりますが，さらに分厚い断熱材である布団が入って温度を下げます。嫌らしいこと

に布団は就寝時の水分を含んでいるというおまけまで付いています。押入の中で結露すると布団はビシャビシャに濡れて，そこにカビが発生します。

したがって，単純に内装材の表面温度で結露の判断はできません。そこで，防露の計算は箪笥を置いた状態を想定します。

箪笥の裏の温度を計算するのは先の表面温度の計算より複雑です

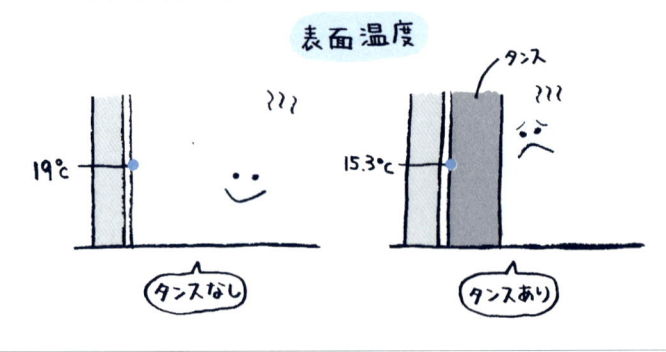

が，その計算方法については技術資料6に載せておきます。ここでは計算結果だけをみてみましょう。

箪笥の裏側の壁の表面温度は15.3℃になって，何もない壁に比べて3.7℃も低くなりました。

#### 4 非暖房室も冷える

箪笥の裏側が冷えるのは部屋の熱が箪笥の裏側に回りにくいためですが，同じことが非暖房室でも起こっています。廊下が断熱材になって，非暖房室まで熱が回らないのです。

したがって，表面結露の判定は「非暖房室」の「箪笥の裏側の内装材表面温度」で計算しなければなりません。過酷な条件設定です。この時の部屋の温湿度は暖房室のものではなく，非暖房室の温湿度が取り上げられます。

暖房室を20℃50％とし，暖房していない隣室の温湿度を15℃70％と見なした上で，箪笥の裏側の壁の温度を求めるのです。すると11.5℃になります。先に計算した暖房室の箪笥の裏側は15.3℃でしたから，さらに3.8℃も下がったことになります。

箪笥を考慮した場合の防露のための断熱厚み（断熱材グラスウール）（10kg/m³）

| 外気温℃ | −5 | −4 | −3 | −2 | −1 | 0 | 1 | 2 | 3 | 4 | 5 |
|---|---|---|---|---|---|---|---|---|---|---|---|
| 必要厚みmm | 78.3 | 72.2 | 66.3 | 60.5 | 54.8 | 49.3 | 43.9 | 38.6 | 33.4 | 28.4 | 23.5 |

では，どれほどの断熱性が必要なのかを計算してみると（詳しくは技術資料6を参照）表のようになります。

なーんだこんなに薄くてもいいのか……といわれそうですが，防露のための断熱厚みは最低の基準です。そして施工不良のところで述べたように，断熱材はしっかりと隙間なく施工しないと計算どおりの性能は出ませんから，充填断熱の場合には100mmの断熱が最低必要になります。また，住宅に必要な断熱性能は省エネや快適性を求めたレ

ベルで最終判断するべきもので，防露のための断熱厚みは省エネや快適を考えていれば十分クリアできるものといえるのです。

### ⑤次世代省エネルギー基準レベル

住宅の断熱化は結露防止だけの狭い視野で捉えるのではなく，健康な生活を守ることを前提にして，快適な生活をつくることに発展させなければなりません。無理のない燃費で，健康で快適な生活を求める……無理のない燃費という言葉の中に，省エネルギーへの努力が含まれています。

したがって，防露の対策も含めて，無理のない燃費で全室暖房を可能にする性能としなければなりません。そのレベルをどう設定すればよいのでしょうか。

日本ではこれまで3度にわたって，住宅の省エネルギー基準が施行されています。

昭和55年に旧省エネルギー基準が，平成4年に新省エネルギー基準が，そして平成11年に次世代省エネルギー基準が施行されました。はっきり言って，次世代省エネルギー基準以外は意味をもちません。

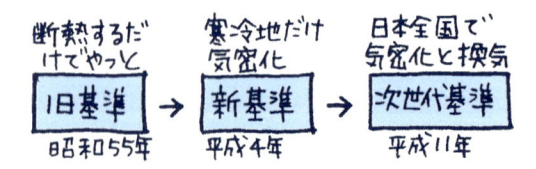

*（図：断熱するだけでやっと「旧基準」昭和55年 → 寒冷地だけ気密化「新基準」平成4年 → 日本全国で気密化と換気「次世代基準」平成11年）*

旧基準は，第一次オイルショックが切っ掛けで制定されたものです。断熱という言葉さえ耳慣れない時代のことですから，壁に50mmの断熱材を入れればよいといった程度のものでした。その後オイルショックなどどこかに吹き飛んで，逆にオイルがだぶつき出したために省エネ意識は低調のまま12年間もこの低レベルの断熱が続きました。新省エネルギー基準は旧基準に比べればかなりレベルアップしましたが，それでも窓は依然としてシングルガラスから脱却できず，寒冷地

を除けば気密の義務化が見送られていました。

　情けないのは住宅金融公庫融資を借りる場合に，今でも旧基準が最低ラインになっていることで，金利の有利な基準金利の対象になる住宅にだけ新省エネルギー基準が義務化されているに過ぎません。日本の家はこのように断熱・気密性能ではとても情けない状態にあり，その反動が結露となって現れているのです。

　その一方で起こった高断熱・高気密化の動きはとても新鮮で勢いがあり，外断熱ブームもあって注目度は高まっています。まだまだ新築住宅の10%を超えることができていないと思われます。そのいわゆる高断熱・高気密レベルに匹敵するものが，平成11年に施行された次世代省エネルギー基準で，沖縄まで含めて高い断熱性能が規定されました。これは暖房だけでなく，冷房の省エネも考慮されたからです。また，気密化とともに換気が義務化され，窓もペアガラスを最低限にしたレベルアップがみられます。

| 地域区分 | | I | II | III | IV | V | VI |
|---|---|---|---|---|---|---|---|
| 断熱性 | 熱損失係数 W/m²K | 1.6 | 1.9 | 2.4 | 2.7 | 2.7 | 3.7 |
| 気密性 | 相当隙間面積 cm²/m² | 2.0 | 2.0 | 5.0 | 5.0 | 5.0 | 5.0 |

　無理のない燃費で全室暖房を目標とする時，次世代省エネルギー基準は十分なレベルだと私は判断しています。そこでこれまで使ってきた高断熱・高気密という，曖昧な表現はやめようと提案しています。これからは目標とする断熱性能を，次世代省エネルギー基準レベルと呼んでいきたいと思います。本書でもそうしたいのですが，あまりに長いので，次世代レベルと呼んでいきます。

　次世代レベルについては住宅金融公庫の仕様書にも解説されていますので，それを参照してください。詳しく知りたい方は，拙著「次世代省エネルギー基準のすべて・木造編」（日本住宅新聞）を読んでい

ただきたい。

### ⑥家全体は四六時中快適でなければいけないのか

　では，次世代レベルだとどんな温湿度環境になるのでしょうか。これまで結露防止や冷ショック防止のために全室暖房の必要性を強調してきましたが，全室暖房という表現は，家中の温度を一日中20℃にコントロールすることのようにイメージされてしまいます。ですから，高断熱・高気密住宅は空調が支配する家のように誤解されてしまうのですが。

　そんなに厳密に全室を均一にコントロールしようというのではなくて，家の中全体が不快にならない程度の温度に保つというのが基本的な考え方で，それは暖房室が20℃，他の部屋も15℃程度で，もっとも冷える部分および就寝時に暖房を切った場合の朝方でも10℃を下回らなければよいと考えます。ただ，暖房していない隣の部屋を15℃以上に保つための断熱・気密性能は，並大抵のものではありません。新省エネルギー基準レベルでは到底無理な話です。次世代レベルになってやっと可能になるのです。

　ここまで熱が逃げない安定した環境になると，生活している人はいつの間にかドアを開けっ放しにしますので，全室の温度は均一化していきます。それなので1台の暖房機しか使わないような状態でも，私は「全室暖房」と一言で表現しているのです。

実は全室暖房まで快適さを広げてしまうと、エネルギーは個別暖房の頃に比べれば増えてしまいます。高断熱・高気密化して余計にエネルギーを使っていることを愚かな行為、という指摘は間違いではありません。

## 7 次世代レベルの環境とは

東京に建つ40坪の総2階住宅で、断熱・気密性能は次世代レベル、換気は0.5回/hを想定して、各室の温湿度をシミュレーションしたものです。

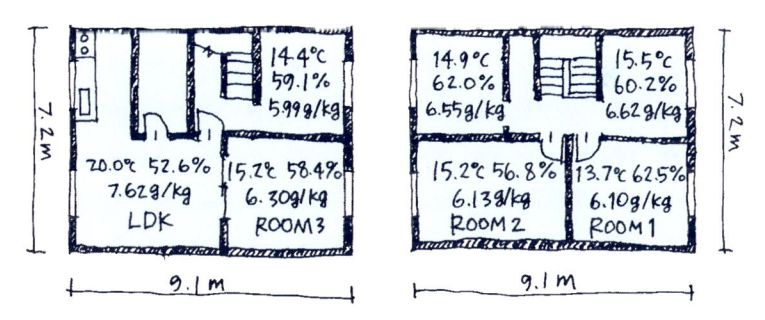

```
┌─────────────────────┐  ┌─────────────────────┐
│     14.4℃           │  │ 14.9℃    15.5℃     │
│     59.1%           │  │ 62.0%    60.2%     │
│   5.99g/kg          │  │ 6.55g/kg  6.62g/kg │
│                7.2m │  │                7.2m│
│ 20.0℃ 52.6% 15.2℃   │  │15.2℃ 56.8% 13.7℃   │
│ 7.62g/kg    58.4%   │  │6.13g/kg   62.5%    │
│             6.30g/kg│  │           6.10g/kg │
│   LDK       ROOM3   │  │  ROOM2      ROOM1  │
└─────────────────────┘  └─────────────────────┘
         9.1m                     9.1m
```

この住宅は1階のLDKで暖房しているので、そこの温湿度は20℃52.6%になっています。隣のROOM3は15.2℃58.4%、北側の水回りはさすがに14.4℃に下がっていますが、それでも湿度は59.1%。2階は階段の周辺とLDKの上の部屋は熱が回っているので15℃台になっていますが、家の中で一番冷えている部屋は13.7℃になっています。それでも湿度は62.5%です。面白いのは絶対湿度の変化ですが、暖房しているLDKが一番高くて7.62gあるのに対して、一番冷えている部屋は6.1g。それでもLDKは室温が高い分だけ相対湿度は低く、冷えている部屋が一番高いのです。

さて、この住宅は全室暖房を目指す家としては、随分と部屋が細切れの閉鎖的な家なので余計に熱が回りにくいのですが、ドアをすべて

開けっ放しにしてみると次のようになります。

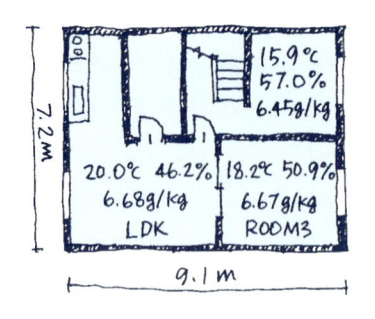

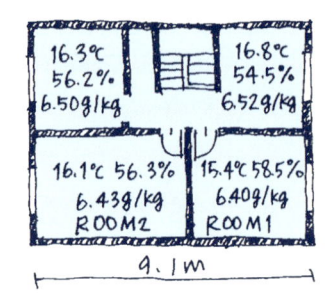

```
                                            16.3℃        16.8℃
              15.9℃                         56.2%        54.5%
              57.0%                         6.50g/kg     6.52g/kg
              6.45g/kg
  20.0℃ 46.2%   18.2℃ 50.9%                16.1℃ 56.3%  15.4℃ 58.5%
  6.68g/kg     6.67g/kg                    6.43g/kg     6.40g/kg
    LDK         ROOM3                       ROOM2        ROOM1
       9.1m                                    9.1m
```
(左図 7.2m × 9.1m)

　LDKは20℃46.2%、隣室は18.2℃でドアを閉めた場合より3℃も高まりました。水回りも15.9℃57.0%で0.5℃高まり、一番冷える部屋も15.4℃58.5%で1.7℃も高まりました。このようにドアを開ける程度でも、熱を回すようにすればどんどん熱は広がっていき、湿度は逆に下がっていきます。結露を防ぐには熱を回すのが一番で、それが絶対的な基本です。

　でも熱を配れば配るほど、暖房エネルギー消費（暖房負荷と呼びます）は増えてしまいます。どの程度になるのでしょうか。すべての部屋の温度を20℃に保つために完璧な全室暖房にすると、暖房負荷は2,910W/hになります。個別暖房で暖房室だけ20℃を保ち、ドアを閉めきっていると1,949W/hになって33%も減少します。同じ個別暖房でドアを開けっ放しにしておくと2,280W/hになって、全室暖房に比べれば21%の減になりますが、ドアを閉めきった状態の15%増となります。

| 暖房範囲 | ドア・閉 | ドア・開 | 全室暖房 |
| --- | --- | --- | --- |
| 熱損失W | 1,949 | 2,280 | 2,910 |

　この状況から判断すれば、次世代レベルの住宅をつくれば個別暖房をしても結露は防げることがわかりますし、全室に暖房機を置いて常

に20℃に保つまでの必要はなくて，LDKだけ暖房すれば十分だなぁという感じになります。

　重要なのはしっかりした断熱・気密性をもつことです。断熱・気密レベルが低ければ，LDKだけ暖房すればよいというわけにはいきません。とても寒い環境になってしまい，結露の危険性が大きくなってしまいます。

※建築技術別冊8「結露の完全防止マニュアル」本間義規『部分暖房での防露の方策』

## 8 熱橋を考慮する

●熱橋とはなにか？

　断熱・気密性のレベルは次世代レベルで落ち着いたのですが，ここで熱橋による結露の発生について知っておく必要があります。

　熱橋とは文字どおり熱が走る橋のような部分のことをいいます。冷気が走る橋を冷熱橋と呼んだりしますが，ここでは単に熱橋と呼ぶことにします。

●鉄骨造

　熱橋が怖いのは，特に鉄骨造の場合です。鉄骨はよく熱を伝える材料なので，直ぐ熱しますが直ぐに冷えます。鉄骨が外壁材と内装材をつないでいるような場合，この鉄骨が熱橋となります。壁の中に断熱材をしっかり入れたとしても，鉄骨は冷えた外壁に触っていますから冷えています。その冷気を内装材に伝えてしまうので，その部分が冷えて結露する危険性が高くなります。

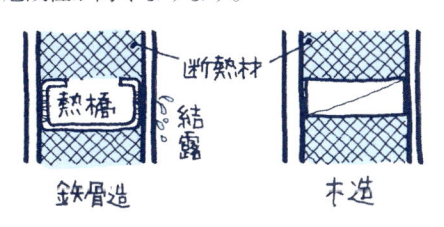

●木造

　木造の場合には鉄骨と同じような納まりになりますが，熱橋となる木材はある程度断熱性能があります。したがって，日本くらいの寒さだったら，内装材まで冷気を伝えて結露させるようなことはありません。木造はこうした点で，とても結露に対して安全なものといえます。

●コンクリート造

　コンクリート造の場合に熱橋はとても面倒です。内断熱の場合，床のコンクリートが壁と取り合う部分で断熱材が切れてしうので，外気の影響を受ける部分まで結露します。外断熱の場合にもベランダのある部分では，同じように断熱材が切れてしまうので結露します。

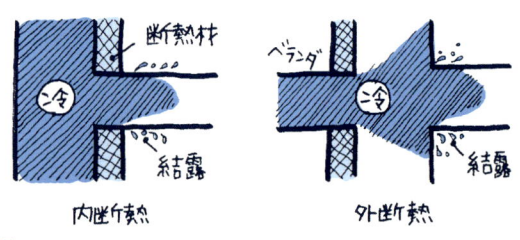

### 9 熱橋対策

●鉄骨造

　断熱を充填断熱から外張断熱に変更すれば，鉄骨が熱橋にならないので結露を防ぐことができます。この場合でも外壁を止めるビスが鉄骨まで貫通するような場合には，ビスが熱橋になってビスの周辺に結露することが予想されます。ところが室内の熱が鉄骨を温めているので，その熱がビスに伝わり，ビスが温まれば結露はしません。ビスを受ける鉄骨のボリュームと室内の熱量の勝負となりますが，ここでも熱を与える（全室暖房）ということが防露対策でとても重要だということがわかります。

　ちょっと高等なはなしになってしまいましたが，結露というのはこうした応用問題になるととても深くなってきます。まずは外張断熱に

すれば結露しない，と考えればよいでしょう。次世代省エネルギー基準では，鉄骨造は外張断熱を基本にしています。

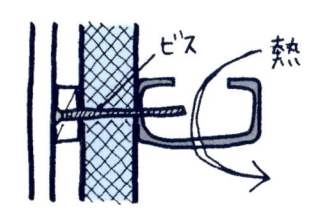

でも，どうしても充填断熱にしたいという場合には，室内側で断熱性のあるものを鉄骨部分にあてがわなければいけません。この場合，内装全体が分厚くなるので面倒です。

そこで，外壁材自体にある程度断熱性能のあるものをもってきて，その断熱性能で結露くらいは防止しておいて，充填断熱も行うという方法もあります。このような外壁としては，発泡コンクリート（ALCとかヘーベルなどと呼ばれているもの）のようなものが対象になります。この場合は繊維系の断熱材よりも，硬質ウレタンフォームの現場発泡のケースが多くみられます。

●コンクリート造

コンクリート造の熱橋対策は，図のように床の冷えが伝わる部分だけ断熱を加えます。必要な断熱の長さが次世代省エネルギー基準の中で示されています。ただ，この施工をするのは床をつくるにしても天井をつくるにしても面倒なことなので，無視されることがあります。マンション購入の際には，この辺のチェックが必要でしょう。

| | 地域の分類（次世代省エネ基準での）(mm) | | |
|---|---|---|---|
| | I | II、III | IV、V |
| 内断熱 | 900 | 600 | 450 |
| 外断熱 | 450 | 300 | 200 |

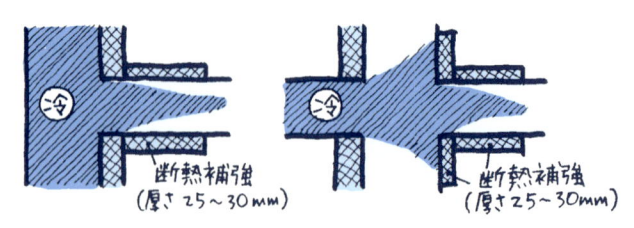

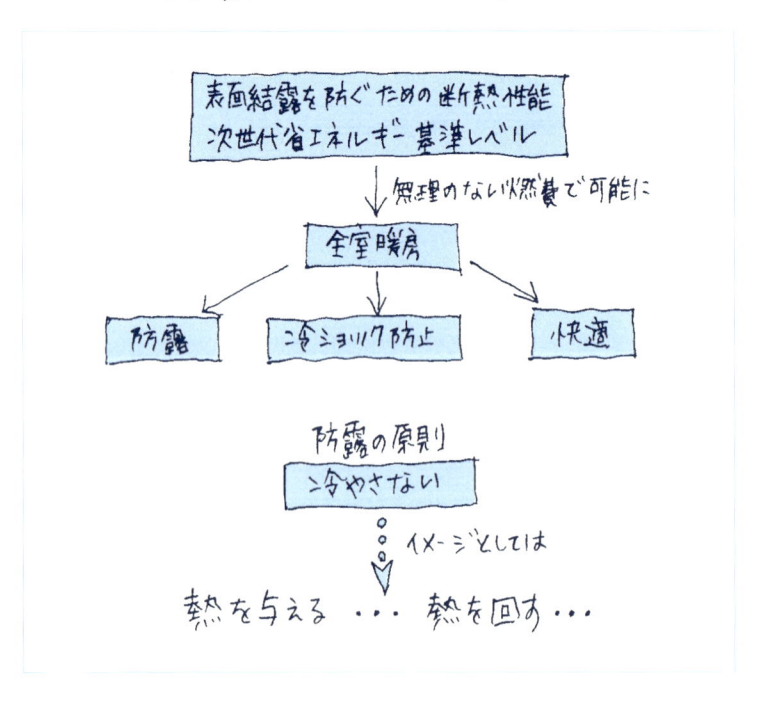

断熱補強
(厚さ25～30mm)

内断熱　　　外断熱

表面結露を防ぐための断熱性能
次世代省エネルギー基準レベル

↓ 無理のない仕様で可能に

全室暖房

→ 防露　　ヒートショック防止　　快適

防露の原則
冷やさない

イメージとしては
熱を与える … 熱を回す …

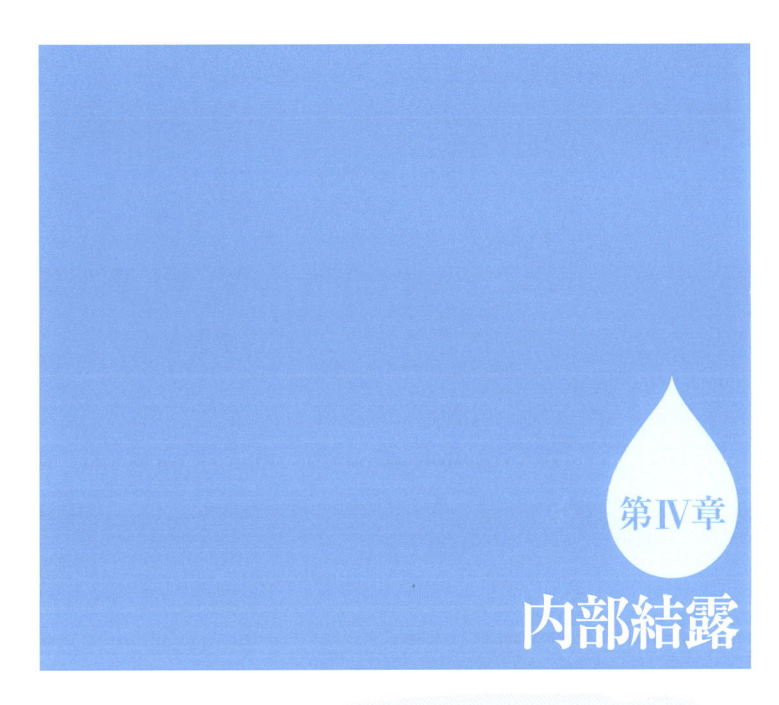

# 第IV章
## 内部結露

# 1. 内部結露はどうして起こるの?

## ①断熱化で起こる

表面結露では熱を与える，冷やさないというのが防露の極意でしたが，内部結露は熱を与えることのできないやっかいな結露といえます。そして，この結露は壁の中，天井裏，床下で起こっているので，起こっても気付かれないまま木材を腐らせたり，コンクリートを濡らしてカビを繁殖させたりします。

では，内部結露の原理について勉強してみましょう。

箪笥の裏側が結露しやすいのは，箪笥が断熱材となって裏側の壁に熱が回らず，裏の壁が冷えているからです。これと同じように，壁の中にある断熱材が熱を遮るので，断熱材裏の壁は冷えたままの状態になります。そこに室内の水蒸気が流れてぶつかれば結露し，その水は行き場を失って壁の中をビショビショに濡らしてしまいます。

内部結露が断熱化によって起こるといわれるのは，この理由からです。

断熱性能が高まれば高まるほど温度差が大きくなるので，結露しやすくなります。

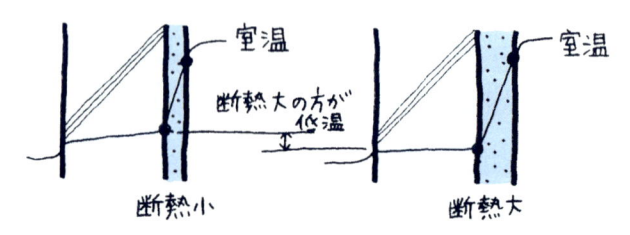

では，どんな状態で内部結露が起こっているのかみてみましょう。

## ②コンクリート造の内部結露

コンクリートは熱的には暖まりにくく冷えにくい，つまり蓄熱性能のある構造体で，湿気の点では水蒸気を通しにくいのですが，濡れた

場合に少しは水を吸い（吸水），少しは水をもって（保水）いることができます。

水蒸気が透過することを透湿といい，水蒸気を通さないようにすることを防湿，通さないように抵抗することを透湿抵抗といいます。

コンクリートの断熱方法には，内断熱と外断熱があります。内断熱の場合は断熱材が室内側にありますから，室内の熱を断熱材が遮ってコンクリートは冷えたままです。そこに断熱材の中を水蒸気が透過した場合，コンクリートが水蒸気を止めてしまいますから，そこで冷やされて結露します。結露してもコンクリートですから多少の水は含んでいられるのですが，水を含む量（含水率といいます）が多くなれば，カビが繁殖したり，鉄筋を錆させたり，コンクリートを中性化して弱くさせたりします。

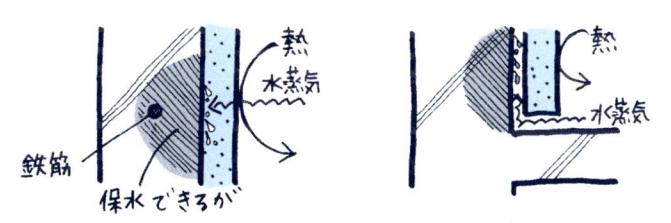

この場合では水蒸気が断熱材の中を透過したのですが，断熱材とコンクリートの間に隙間がある場合には，ダイレクトに水蒸気がコンクリートまで行ってしまうことがあります。この場合も同じように，コンクリート面で結露します。

外断熱の場合には，状況が違ってきます。

断熱材がコンクリートの外側にありますから，コンクリートは暖まっています。断熱材とコンクリートの接触面も暖まっています。コンクリートは透湿抵抗が高いので水蒸気が中に入るのを防ぎますし，例え透過したとしても断熱材の温度が高いので結露しません。断熱材とコンクリートの間に隙間ができてしまって，水蒸気がその中に入り込んでも，同様に結露しません。

内断熱ではコンクリートの透湿抵抗の高さが裏目に出ているのに対して，外断熱の場合は透湿抵抗の高さが有利に働いています。また，内断熱では断熱材の効果がコンクリートを冷やしてマイナスに働いているのに対して，外断熱では有利に働きます。

　こうしてみると内断熱は内部結露を起こしやすく，外断熱はその解決策のように思えます。事実その通りで外断熱の方が結露の面では圧倒的に安全で，内断熱は危険性をもっているということになります。

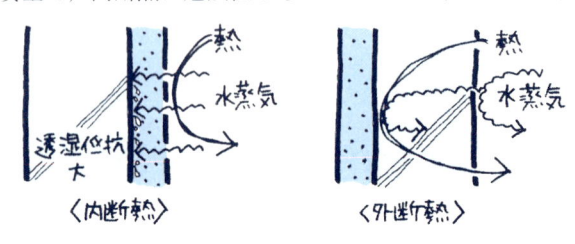

　そこで「史上最大のミステーク（赤池学，江本央，金谷年展共著，TBSブリタニカ，1999年）」という本が刊行されて，欧州では内断熱を禁止している国があるくらいなのに，日本では今まで内断熱に固執してきた。これは省エネルギーのことしか考えず，結露の視点で断熱を考えてこなかった愚かであり，ミステークだったと，外断熱の推進をしなかった行政と，コストアップするために外断熱を無視してきた業者に対して激しくバッシングしました。そこから外断熱ブームがは

第IV章
内部結露

じまり，この問題は国会問題にまで発展しました。

確かに内部結露を考えれば，外断熱にしないことは愚かなことといえます。しかし，これまで公団もマンションも内断熱をしてきたのには無理のない理由もあるのです。

コンクリートは暖まりにくく冷めにくい物体です。そこに日本の習慣ともいえる個別間欠暖房が組み合わされると，面倒なことが起こります。暖房している部屋のコンクリートは暖まっていますが，非暖房室のコンクリートは冷え込んでいます。また，出かける場合には暖房を切りますから，留守の時間が長ければコンクリートは冷えてしまいます。

こんな状況では，暖房してもすぐにコンクリートは暖まりません。その時間差で表面結露が起こる危険があります。集合住宅はどんな人が住み，どんな生活をするかわかりません。したがって，個別間欠暖房の状態では，外断熱の方が危険だと判断してきたのです。もちろん外断熱の言葉すら知らなかった不勉強な業者もいますし，コストアップを嫌う業者もいます。しかし，20年前に日本でも外断熱がブームになりかけて，それでも普及しなかったのは，やはり暖房形態からくる不安が最も大きな理由だったといえるでしょう。

内断熱・すぐに暖まる　　　外断熱・中々暖まらない

外断熱の特徴を最大限に活かすためには，その蓄熱性を上手に利用することです。十分な断熱をした外断熱住宅は室温を安定させます。寒い日にドアを開け閉めしても室温は急降下しません。暖房機はサーモスタットでON・OFFを繰り返しますが，内断熱のように室温に敏感に反応してしまうことがないので，ONの時間帯は減少し，省エネ

ルギーになります。夏は逆に夜間に外の涼気を取り込んでコンクリートを冷やしておけば，日中の暑さを吸収してくれます。このように外断熱は省エネルギーにも優れ，快適な空間をつくることにも優れ，内部結露にも安全なのですから，居住者がどんな生活をするかわからないといって怖がらずに，外断熱の特性を正確に伝えながら普及を促進するべきだったと思います。

「史上最大のミステーク」という言葉は外断熱にしてこなかったことではなくて，個別間欠暖房から抜け出そうとしなかったことに対して投げかけるべきものだったのです。

### ③ 木造・鉄骨造の内部結露

さて，はなしがミステークにそれましたが，コンクリート造の場合には内断熱と外断熱の違いを正確に理解することが重要なので言及しました。それほどコンクリートという蓄熱性をもつ構造体は，熱的に面白い変化をみせます。一方，木造や鉄骨造の場合には木も鉄も蓄熱性は期待できないので，断熱が内でも外でもコンクリート造ほど大きな違いは出ません。

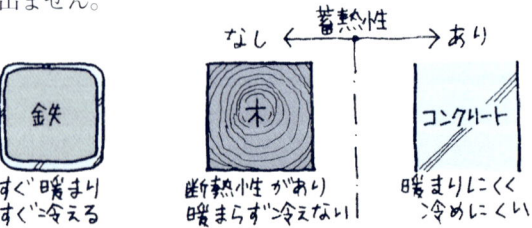

蓄熱性
なし ← → あり

| 鉄 | 木 | コンクリート |
| --- | --- | --- |
| すぐ暖まり すぐ冷える | 断熱性があり 暖まらず冷えない | 暖まりにくく 冷めにくい |

ただ，鉄骨造は結露の面では木のように断熱性がありませんから，神経質に取り扱わないといけないハンディがあります。表面結露では木造と鉄骨造は別々に取り上げましたが，内部結露では同じような性状をみせますので木造だけを取り上げます。

木造の場合には，壁の中に断熱材が挿入されます。天井の場合には，天井の上に断熱材が敷かれます。床のケースは第Ⅳ章床下の結露で述

べることにします。

　断熱材があるので室内の熱が遮られ，外壁は冷え込んでいます。断熱材に透湿抵抗がない場合には，室内の水蒸気は断熱材の中を透過して外壁までいってぶつかります。そこで冷やされるので，結露がはじまります。その結露は断熱材を濡らしますから，断熱材の断熱効果は失われて，さらに結露を助長させます。結露は壁に付着している量を超えて，どんどん流れ落ち土台を濡らします。土台は濡れて水を含み，含水率が高まって，木材腐朽菌を繁殖させ，白蟻までがやってきて食害をはじめます。

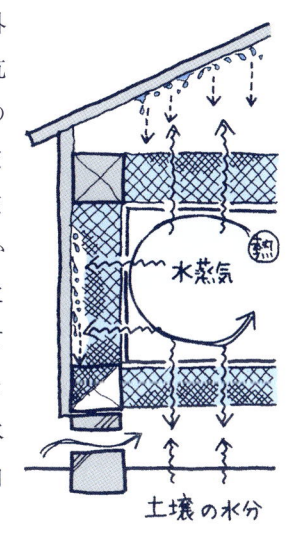

　木材腐朽菌はじっくりと木材の中にはびこって，木材のセルロースという木の命ともいえる部分を分解してしまいますので，木の強度はなくなりスポンジのような状態になってしまいます。こんなはなしを聞くと恐ろしくなるでしょうが，白蟻はもっと怖くて木材腐朽菌のように数年かけて木材を浸食していくのと桁が違い，数週間で木材を食害してしまいます。木材腐朽菌や白蟻のことは沢山の本が書店にありますので，ここではこのくらいにして，結露のはなしを続けます。

## 2. 内部結露を防ぐには

### ①防湿と透湿

　ここからは内部結露を防ぐ方法を考えていきます。なにやらむずかしそうですが，とても原理的なはなしで進めていきますので安心してください。

　まず，内部結露は断熱材が室内の熱を遮って外壁が冷えている時に，

室内の水蒸気が断熱材の中を透過してしまい，外壁にぶつかって結露することです（図①）。

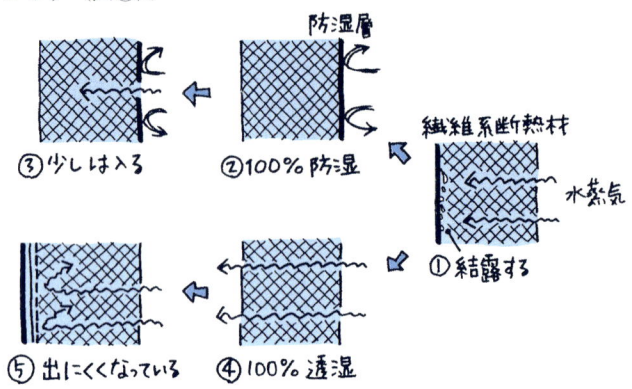

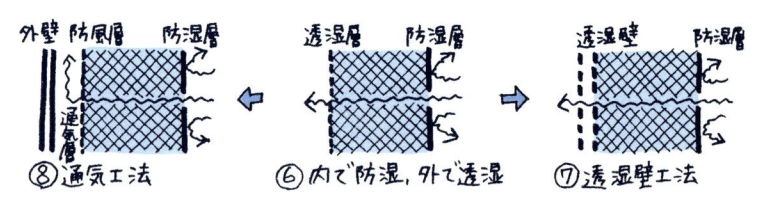

③少しは入る　②100％防湿　繊維系断熱材／水蒸気／①結露する

⑤出にくくなっている　④100％透湿

⑧通気工法（外壁／防風層／通気層／防湿層）　⑥内で防湿，外で透湿　⑦透湿壁工法（透湿壁／防湿層）

では，どうすれば結露しないのかというと，一つは室内の水蒸気を壁の中に100％入れないようにすればよいのです（図②）。この水蒸気を止める役目をするものを防湿層と呼びます。一般的には，0.1〜0.2mmのビニルフィルムが使われます。しかし，完全に水蒸気を止めることはできません（図③）。その理由はコンセントボックスや管

類，換気口などが沢山あって，その部分の気密施工がむずかしく，完全な気密は不可能だからです。では，目先を変えて，断熱材の中を自由に水蒸気が透過できれば，結露する前に水蒸気は外に出てしまいます（図④）。繊維系断熱材は水蒸気を自由に通します。

でも断熱材を水蒸気が通り抜けても，その外には外壁があります（図⑤）。そこで抵抗ができますから，この方法にも無理があります。

そこで考えられるのが，「室内側で防湿し，それでも断熱材の中に浸入したわずかな水蒸気を外に透過させてしまう」ことです（図⑥）。この時，外壁があっても水蒸気が透過するようにするためには，外壁自体に透湿性のあるものを用いるか（図⑦），または外壁と断熱材の間を離して通気層をつくればよいのです（図⑧）。前者を透湿壁工法，後者を通気工法と呼びます。

しかし図⑧の状態では，外の冷たい空気も繊維の中に浸入してしまいます。ウールのセーターを着ていても，風が吹くと寒くなってしまうのと同じです。その時はセーターの上にウインドブレーカーを羽織るように，繊維系断熱材の場合には防風層と呼ばれるシートが張られます。この防風層は優れていて，空気も水も透過しないのに水蒸気だけは透過します。ゴアテックスのようなものですね。水蒸気の大きさは10万分の4mmくらいといわれるほど小さくて，炭酸ガスより小さく，もちろん空気や水ははるかに水蒸気より大きいので，こんな魔法のようなことができるのです。

繊維系断熱材の場合は，このように室内側で防湿，外側で透湿・防風の機能をもってはじめて安全な断熱材となります。素材のまま壁の中に挿入すればよい，というものではな

いのです。

　一般的に使用されるグラスウールが袋入りなのは，この二つの層を一体化しているためです。片面はクラフト色した紙の層ですが，この紙にはアスファルトが塗ってあって，これが防湿します。その反対側はアルミ箔の薄い層になっていて，そこには無数の細かい穴があったりなかったりします。それが防風層となるのです。ただこの袋入りの状態はとても便利なようで，壁の中に隙間なく施工するためには返って面倒になります。したがって，高い断熱・気密を求める場合には写真（前頁）のように裸のまま施工して，室内側に防湿層，外側に防風層を張ることが一般的です。

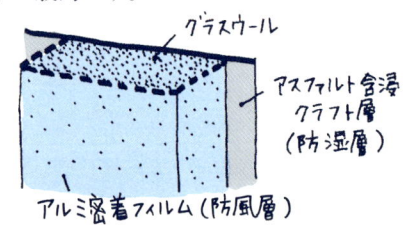

（図：グラスウール／アスファルト含浸クラフト層（防湿層）／アルミ密着フィルム（防風層））

②透湿性のない外壁

　さて，外壁ですが，わずかに壁の中に浸入した水蒸気が外壁もそのまま透過してしまえばよいのですが，そのためには外壁に高い透湿性を求めなければなりません。

　外国の家の外壁は煉瓦とか板とかモルタルとか石とか，みんな水蒸気を通す材料でできています。ところが日本の家に用いられている外壁は，水蒸気を止めるものばかりです。70%のシェアをもつという窯業系サイディングや金属サイディングなど，むしろ水蒸気を通さないことを自慢していたようなところがあります。日本の防水の考え方は水蒸気を通さないほどの防水性……というイメージがあって，水蒸気を通すモルタルの表面に水蒸気を通さない塗膜で仕上げたりしています。

　古い家でモルタルの壁が黒く汚れているのを，目にすることがあり

ます。その理由はモルタルの中に雨が染み込んだり、部屋からの水蒸気が結露して濡れたために、カビや藻が発生して汚れたものです。こうした様子をみていると、水蒸気を通さないことがよいことのように思えてきます。そこでいつの間にか、日本の防水業界や塗装業界は一斉に透湿しないことを目標にした開発を進めてきましたので、日本では水蒸気を通す外壁材がとても少なかったのです。現在は透湿性をもつことの重要さが認識されるようになって、メーカーは今までの主張をひるがえして、透湿性をもたせる方向で開発がはじまっています。

　しかしながらまだまだ透湿性のない外壁が主流ですから、何か対策をたてるしかありません。そこで断熱材と外壁を離して通気層をつくり、その間に水蒸気を放出してしまう方法が考えられています。これを通気工法といいます。この方法では透湿性のない外壁でも、水蒸気を放出することが可能になります。

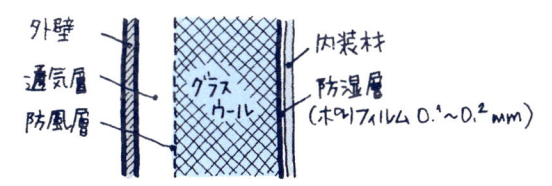

### ③外にいくほど開放

　ここでまた内部結露を防ぐ原理に戻りましょう。室内側で防湿し、外壁側で透湿にする。この状態を表現する言葉があります。とても大事な言葉なので、しっかり覚えておいてください。「水蒸気は外にいくほど開放」という言葉です。

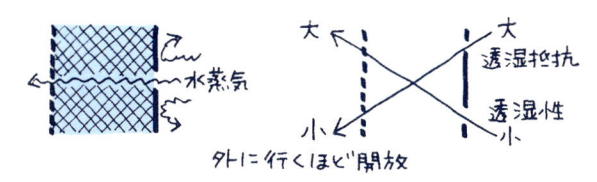

　応用問題として窓を取り上げます。二重サッシというのを知ってますか？寒冷地の人はご存じだと思いますが、引違いのサッシが内側と

外側とに二列あるものです。防音性には優れているのですが、手前と後の窓を両方開けるのはかなり面倒なもので、最近ではペアガラスにとって代わられています。その二重サッシですが、目的はもちろん断熱性を高めるために二重になったわけですが、室内側のガラスには室内の熱が触っていますから結露しないのですが、外側のガラスに結露することがあります。さて、室内側のサッシと外側のサッシのどちらの気密を高めたらよいのでしょうか？

　こんな時に思い出すのが、外にいくほど開放という言葉です。内側のサッシの気密性を高めることによって、水蒸気が二重サッシの間に入るのをできるだけ防ぎ、入ってしまった水蒸気を外に放出するために、外側のサッシの気密性を内側のものより低くした方が安全ということになるのです。その逆を想像してみてください。何となく外にいくほど開放というイメージが湧いてきたと思います。

(4) 内と外の透湿抵抗は？

　外にいくほど開放というイメージは湧いてきましたが、では内と外でどれほどの差があればよいのでしょうか。これは寒冷の度合いで違ってきます。結露は温度差と水蒸気の問題ですから、温度差が大きいほど、水蒸気の量が大きいほど結露しやすくなります。したがって、寒冷の度合いによって内と外の差は変化し、寒いほど内と外の差は大きくなります。

　内部結露防止として指導されているものを表にしてみます。新省エネルギー基準では寒冷の度合いによって、全国を県単位で5つの地域

に区分しています。この表はその当時につくられたので，5つの区分で示しています（その後に施行された次世代省エネルギー基準では，もっと厳密に気候区分がされており，県単位ではなく市町村単位になっています）。

| 地域 | 比率(内:外) |
|---|---|
| I | 5：1 |
| II | 4：1 |
| III | 3：1 |
| IV | 2：1 |
| V | 1：1 |

　内と外の透湿性の差は，水蒸気を通さない度合い（透湿抵抗）に置き換えられています。どの部分が内でどの部分が外かといいますと，断熱材の外側を基点にしています。寒冷な北海道（I地域）では内：外＝5：1，東北の北3県（II地域）で4：1，東京が含まれるIV地域では2：1になります。寒冷地と温暖地では，大変な差があることがわかります。

　でも，こんな数値を聞いてもピンとこないと思います。どんな材料を使えばこんな比率になるかがわからないからです。

　そこで，内装材や断熱材に使われる材料の透湿抵抗を，図中に示してみます。

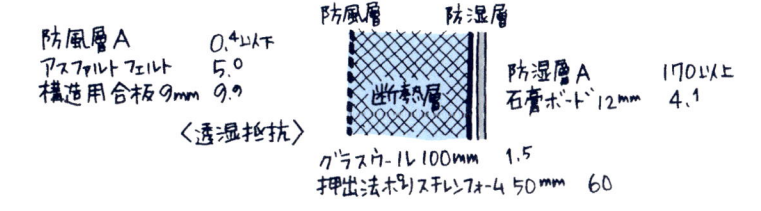

```
防風層A          0.4以下         防風層  防湿層
アスファルトフェルト  5.0                         防湿層A        170以上
構造用合板9mm    9.9         [断熱層]       石膏ボード12mm   4.1
         〈透湿抵抗〉
                          グラスウール100mm    1.5
                          押出法ポリスチレンフォーム50mm  60
```

　さすがに，防湿層は170と高い数値を示しています。そして，防風層は0.4ととても小さい数値になっています。石膏ボードも高くなくて，水蒸気は通しやすいものとわかります。グラスウールも厚100mmあっても1.5ですから水蒸気はツーツーです。これに対して発泡プラスチック系断熱材は押出法ポリスチレンフォーム厚50mmで60ということですから，水蒸気を通さない材料だとわかります。また，意外と抵抗が大きいのが構造用合板で9.9もあり，防水

紙のアスファルトフェルトの倍も抵抗が高いことがわかります。

ここでむずかしいはなしになりますが、透湿抵抗は材料だけがもっているのではなく、内装材表面と外装材表面、空気層や通気層にもあります。これは壁の表面では空気が膜をつくっているような状態で、水蒸気を伝えにくくしているためです（熱も同じで表面に抵抗がつくられます）。それらの数値は図のとおりで、大きくはありません。

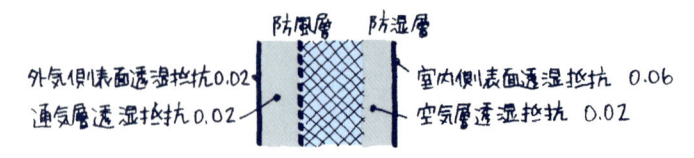

外気側表面透湿抵抗 0.02
通気層透湿抵抗 0.02
防風層　防湿層
室内側表面透湿抵抗 0.06
空気層透湿抵抗 0.02

では、次にいよいよ内と外の透湿抵抗の差をみてみることにします（次頁の図）。木造の通気工法を想定しています。断熱材の外側が外気側透湿抵抗、内側が室内側透湿抵抗です。

左上の図は防湿層なし、外側は防風層だけの場合です。内外透湿抵抗の差は5.66：0.42、つまり13：1ですから問題はないことになります。

しかし、右上のように外側に合板を張ると抵抗比は5.66：10.32、つまり約1：2と外側の透湿抵抗の方が高くなってしまい、温暖地でも結露する危険がでてきます。2×4工法の場合に構造用合板が外側に張られることになります。また、最近では在来工法でも耐震性を高めるために、構造用合板が張られることが多くなりました。耐震性があがっても、躯体が内部結露を起こして腐ってしまったのでは逆効果ですから、合板のように透湿抵抗の高い材料を外側に施工する場合には注意が必要で、室内側の透湿抵抗を高める必要があります。

左下は外側は防風層だけで、室内側に防湿層をもったものです。防湿層の透湿抵抗が加わると内外の比は、約400：1という圧倒的に大きなものになります。寒冷地ではやはり防湿層を設けた方が安全で、Ⅲ地域以北は防湿層をもつことが原則です。

右下は外側に合板をもち，内側に防湿層をもった構造ですが，合板があっても防湿層の抵抗が高いので，比は約17：1となり，合板があっても安全ということになります。

以上のように，外側に透湿抵抗の高いものをもつ場合には，室内側も透湿抵抗を高くする。このバランスをみることが，内部結露防止の基本なのです。

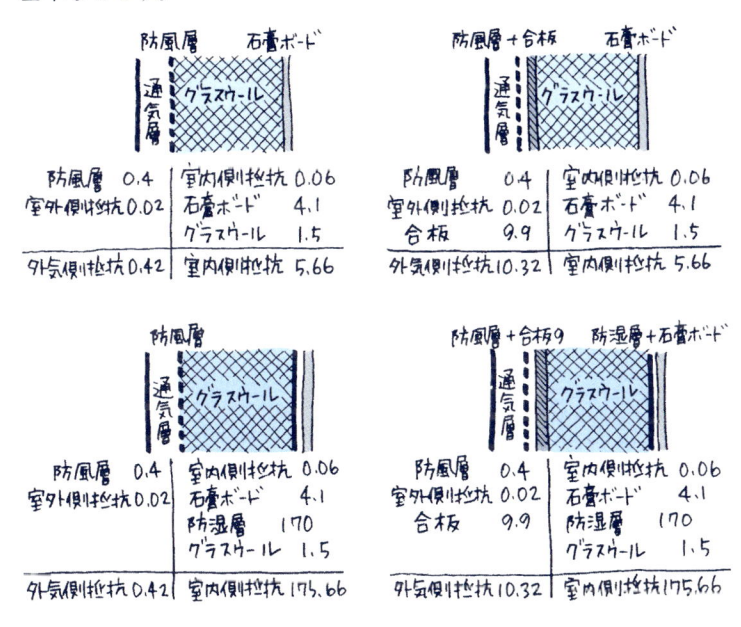

```
防風層        石膏ボード              防風層＋合板    石膏ボード
┌──┬──────┬──┐           ┌────┬──────┬──┐
│通│グラスウール│ │           │通  │グラスウール│ │
│気│          │ │           │気  │          │ │
│層│          │ │           │層  │          │ │
└──┴──────┴──┘           └────┴──────┴──┘
 防風層    0.4  │ 室内側抵抗 0.06    防風層    0.4  │ 室内側抵抗 0.06
 室外側抵抗 0.02 │ 石膏ボード 4.1    室外側抵抗 0.02 │ 石膏ボード 4.1
                │ グラスウール 1.5   合板      9.9  │ グラスウール 1.5
 外気側抵抗 0.42 │ 室内側抵抗 5.66    外気側抵抗 10.32│ 室内側抵抗 5.66

 防風層                              防風層＋合板9   防湿層＋石膏ボード
 防風層    0.4  │ 室内側抵抗 0.06    防風層    0.4  │ 室内側抵抗 0.06
 室外側抵抗 0.02 │ 石膏ボード 4.1    室外側抵抗 0.02 │ 石膏ボード 4.1
                │ 防湿層   170      合板      9.9  │ 防湿層   170
                │ グラスウール 1.5                  │ グラスウール 1.5
 外気側抵抗 0.42 │ 室内側抵抗 175.66  外気側抵抗 10.32│ 室内側抵抗 175.66
```

## 5 防湿は気密化が重要

内部結露を防ぐためには，内外の透湿抵抗の適切な設計が必要だということがわかりましたが，問題は気密施工にあります。というのも室内側の防湿層では，気密性が水蒸気の移動に大きく作用しますし，外側の防風層の場合は冷気が断熱材に浸入すること，そして防水の点で大きく影響してきます。

図は気密と結露のはなしになれば必ず登場するもので，カナダの高断熱・高気密住宅R2000住宅の指導マニュアルに載せられているもの

です。内装材として1m×1mの石膏ボードがあります。そこに2cm×2cmという小さな穴を，あけたものとあけない壁があるとします。オタワという寒冷な土地で，水蒸気を出さない暖房空間ですから湿度は50%を切っていると思われますが，この状態で，冬にどれほどの水蒸気が壁の中に浸入するのかを示しています。穴のある壁では実に30ℓもの水が浸入します。たった2cm角の穴からです。それに比べて穴のない壁はたった1/3ℓで，穴がある場合に比べて100分の1しか入りません。先に勉強したように，石膏ボードは透湿性のある材料といえるのに穴がなければそれほど水蒸気は浸入せず，これに対して穴があると水蒸気は大量に浸入するということを示しています。30ℓという数字の大きさに唖然とするとともに，気密性が防湿性の鍵を握っていることがわかります。

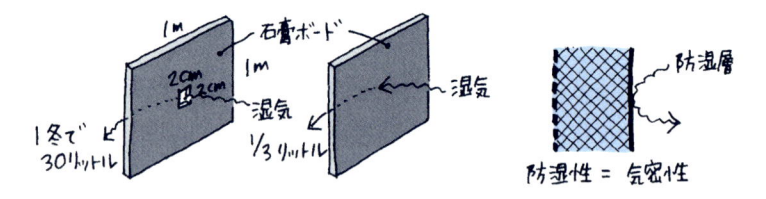

私は何度も断熱・気密化先進国のカナダやスウェーデンに行って勉強しましたが，研究者たちに気密化の必要性について質問すると「壁の中に水蒸気が浸入することを防ぐこと，そして換気を適正にするため」という答えが返ってくるのに驚かされました。日本ではその当時，気密化は隙間風を防止して寒さを防ぐこととしか考えていなかったからです。

高断熱・高気密という言葉はもう使いたくないと思っているのですが，こうした気密化の重要性を思うとまたこの言葉を使いたくなります。断熱はむやみに厚みを増やす必要はありません。寒冷の度合いで厚みは減って当然です。でも，結露防止と換気の適正という意味では気密になればなるほど安全になるのですから，がんばって気密施工に

努力するべきなのです。気密のはなしはまた後で述べることにして，つぎに，実践編に入りたいと思います。

# 3. コンクリート造の内部結露防止

### ①定常計算と非定常計算

コンクリート造で内部結露が起こっている状況をはなししたところで，ここでは防止策を述べます。コンクリートは透湿抵抗がとても高いことが前の表で理解できたと思います。そのコンクリートが外側にある内断熱は，とても大きな負担を抱えています。一方，外断熱では逆にコンクリートがしっかりした防湿層となって安全性をフォローしてくれます。したがって，外断熱の方が内断熱よりずっと内部結露に対しては安全といえます。

大きなハンディを抱えた内断熱では，透湿性のある断熱材は使いにくいので，ほとんどの場合で透湿性の小さなプラスチック系断熱材が使われています。特に押出法ポリスチレンフォームは透湿抵抗が高いので，内断熱用断熱材の主流になっていますが，内部結露の計算をしてみると，この断熱材を用いても内部結露が発生することになってしまいます。

内断熱を激しく否定した「史上最大のミステーク」の中でも，プラスチック系断熱材を用いた内断熱が結露する状況を結露計算の図で示しています。つぎに，内部結露に関してもう一つ知っておかなければならないことを述べます。

それはコンクリートのように結露しても，その結露水を多少は含んでおける材料の場合は，違った結露計算が存在するということです。それは非定常計算というもので，「史上最大のミステーク」で解かれていたのは定常計算というものです。

確かに定常計算では，東京の場合で透湿抵抗の高い発泡プラスチッ

ク系断熱材を用いても結露する計算になります。それほど内断熱はコンクリートが水蒸気を堰き止めて危険な状態にあるといえるのですが，それでもこれまで数え切れないほどつくられてきた内断熱の現場では，結露での実害は無視できるほどでした。その謎を解くための計算が非定常計算というものです。

　二つの計算の違いは，材料が水を含んでいられることを考慮するかしないかにあります。定常計算は瞬時に熱と水蒸気が動く様子を捉えて，結露するかしないかを判断する計算であるのに対して，非定常計算は結露したとして，その水を含んでいられるかどうかまでを判断するものです。また，この水を含んだ状況（材料の含水率）を，一年というスパンでみることもできるという優れたものです。

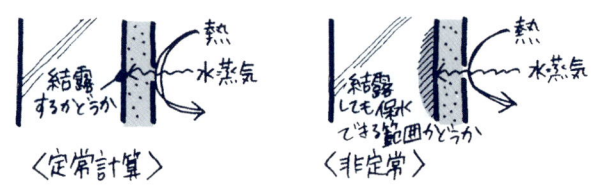

〈定常計算〉　　〈非定常〉

　私が結露を勉強しはじめたのは25年も前からで，それからずーっと定常計算ばっかりしてきました。この計算はとても単純で，材料の熱抵抗値と透湿抵抗値がわかれば手計算で簡単にできます。ところが最近では，非定常計算というものすごくむずかしいものが解析できるようになって，内部結露の判定はまるで違ったものになりました。

　結露するかどうかではなく，結露したとしてもそれを含んでいられればよいし（含水率が高まればカビの発生を考慮しなければいけないが），その水は室内または外が乾燥した時に放出されればよい。その状況を一年間みてしまおう，というのですから素晴らしいものです。

　もちろんこれほど複雑な計算は，コンピュータがなければできません。誰でも卓上で計算するというわけにはいかないのですが，現在ではこうした計算に基づいて，研究者の間では内部結露が解析されていると思うと心強い気持になってきます。

## 4. 史上最大のミステークは史上最大の濡れ衣

　国会で議論されるところまで外断熱ブームを生んだ「史上最大のミステーク」ですが，愚か者とされた行政，そして学識者は戸惑いながらも，その暴言ともいえる内容に怒りに震えました。戸惑ったという意味は前述したような背景があったこと，そして怒りとは，内断熱が必ず結露するという暴言に対してでした。

　建築技術2001年10月号に坂本雄三東京大学教授は非定常計算で，内断熱が結露しないことを指摘しています（その内容をここで紹介す

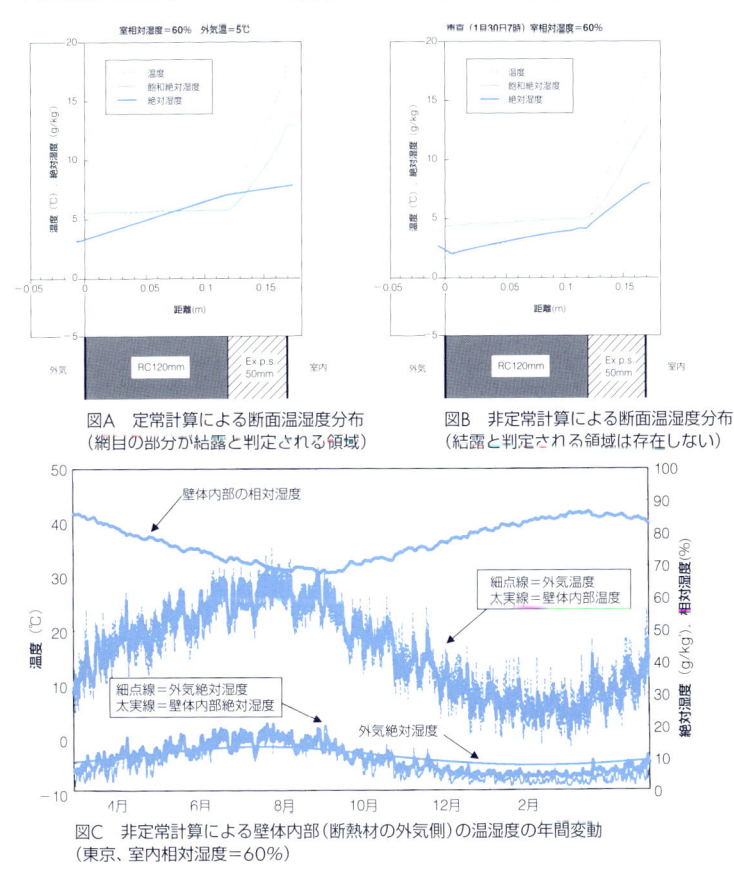

図A　定常計算による断面温湿度分布
（網目の部分が結露と判定される領域）

図B　非定常計算による断面温湿度分布
（結露と判定される領域は存在しない）

図C　非定常計算による壁体内部（断熱材の外気側）の温湿度の年間変動
（東京、室内相対湿度＝60％）

ればむずかしくなるので，概要を技術資料7に示しておきます）。確かに定常計算では東京でも内断熱で結露する。しかし，非定常計算ですれば，東京だけでなく旭川でも結露しないことを指摘しながら，坂本教授は「史上最大のミステーク」を「史上最大の濡れ衣」だと言明しています。

　断熱・気密の本を読むと，誹謗中傷が多くて，否定された相手がまた相手をののしるようなことが続いていて悲しくなるのですが，月刊「建築技術」の中で坂本教授は「筆者は環境工学の計算屋の一人として，計算やシミュレーションが不適切に用いられて社会の信用をなくしてしまうことを人一倍憂慮している……」と述べています。誰かを悪者にすればわかりやすい……，そんな風潮が科学的根拠のない本を乱発させています。

　ここでコンクリート造の内部結露について，まとめてみます。
- 内断熱に比べて，外断熱は安全であること
- しかし，表面結露に対しては，安定した暖房状態にあることが条件になること
- 内断熱が必ず内部結露を起こすものではないこと

### 1 基本的な構造

　前にはなしたとおり，外断熱工法の基本構造として四つのタイプがあります。それぞれのタイプを検証してみます。外壁材が透湿性のない場合には通気層型，またはサイディング型になります。この場合の断熱材は繊維系でも，発泡プラスチック系でもなんでも構いません。

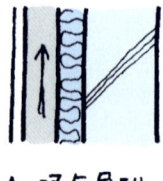

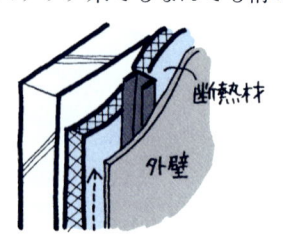

防湿層はコンクリートが役目を果たしますので，繊維系断熱材の場合でも不要になります。

密着型の場合は，透湿性のある壁を用いる場合と透湿しない壁の場合の二つがあります。透湿性のある壁の場合では，繊維系の断熱材（密度が高くてボード状になっているケースが多い）の上にプラスチックのメッシュ（網）を取り付けて，それを下地にしてモルタルを塗るような場合があります。もちろんモルタルの表面の化粧塗料は，透湿性のある塗料を用いなければなりません。

また，透湿性のあるパーマストンなどの人工石を断熱材（発泡プラスチック系が一般的）と一体化した複合パネルを型枠兼用にして，コンクリートを打ち込み施工する場合が多くなっています。型枠工事をすることで，外壁と断熱施工が不要になります。

透湿性のない壁の場合は，断熱材も透湿しない発泡プラスチック系に外壁材を複合したパネルを，型枠代わりにして打ち込むのが一般的です。

B. 密着型

中空型の場合には中空層は通気層と違って，空気が動かない状態をつくるので，断熱材も外壁も透湿性のあるものにしなくてはいけませ

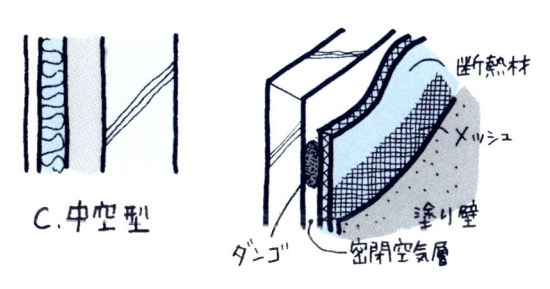

C. 中空型

ん。また，中空層がつくられるのは団子状の接着剤で，断熱材を固定するために必要なスペースということで，外壁は断熱材の外にモルタル塗りの場合や断熱材と外壁材が複合したパネルの場合があります。

サイディング型は，金属板で断熱層を包んだ断熱パネルを，コンクリートに金属製の胴縁などで固定するものです。したがって，中空型と同じように，空気層は密閉空気層にしないと断熱性が得られません。

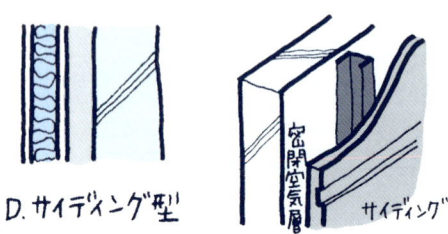

D. サイディング型

以上のように外断熱と一口にいっても，いろいろな工法があります。防火の認定を得る必要もありますので，現場で適当に材料を組み合わせてつくるというわけにはいきません。防火認定工法となって販売されていますので，表情が一番の問題だと思います。どの工法を選ぶかの順序はデザインが最優先されるとは思いますが，内部結露の安全性については，基本理論がわかっていれば工法をみれば判断できますので，チェックしてみてください。

② コンクリートと断熱材の間に空気層をつくらない

内断熱の場合，コンクリートと断熱材は密着していなければいけません。そこに隙間ができれば，水蒸気は断熱材上下の隙間から空気層に浸入して，コンクリートまで行って冷やされてしまいます。以前はコンクリートに団子状接着剤を塗って，そこに断熱材と石膏ボードを一体化した複合パネルを接着していました。この工法だと空気層ができるので，そこに水蒸気が行けば結露することが考えられますし，団子の水分が残ってカビの原因になります。結露を防ぐためには断熱ボ

ードをコンクリートに密着させ，そのボードの上に団子を塗って内装材を固定する施工が必要です。

## 5. 木造の内部結露防止

　木造（および鉄骨造）の内部結露防止に移りましょう。すでに，内部結露の原理のところで勉強した流れは，木造住宅の形態ではなしを進めてきましたので，重複しますがより具体的にはなしを進めます。

　木造の内部結露防止の基本構造は通気工法と透湿壁工法，そして外張断熱工法です。

　工法を示すとそちらばかりに目を奪われてしまいますが，すべての基本は断熱材が隙間なく施工されること，そして気密性を高めることですので，常に頭の中に入れておいてください。

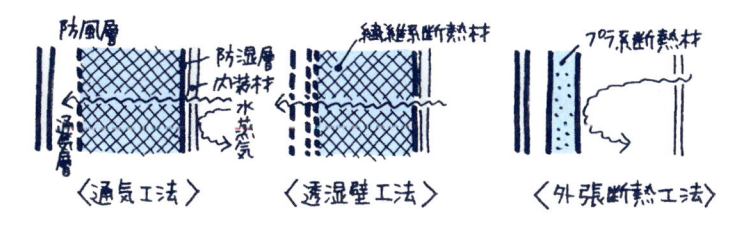

① 通気工法・透湿壁工法

　通気工法は室内の水蒸気をできるだけ壁の中に入れないようにしながら，少しは入ってしまった水蒸気を結露する前に通気層に放出するものです。透湿壁工法は通気層ではなく，外壁自体が水蒸気を透湿して外に放出させるものです。

　どちらの場合でも，前にはなしたように室内側の透湿抵抗と外側の透湿抵抗の比をもたなければなりません。通気工法で注意しなければ

ならないのは，通気がスムースに行われるかどうかです。よくみられるのが通気層が封鎖されているものです。

通気層は外壁の下から入って，①軒天の部分で出すのと，②小屋裏換気口から出す場合の二つの方法があります。①の軒天の部分で出す場合は，壁の通気層と天井断熱の通気層が別々になっていて，天井裏の分は軒天から小屋裏換気口に流れるルートになります。②は壁と天井がつながっています。ただ，軒天に穴があいていると，通気としては100％つながりません。ストローに穴を空けたようなもので，吸い込みにくい状態になります。これら二つの方法は，住宅金融公庫の仕様書の中で指導されているものです。

高断熱・高気密住宅では，壁と天井裏が完全につながるように，軒天の換気口をなくすことが基本になっています。また，小屋裏換気口より通気をスムースにする棟換気口をつけることが多くなっています。

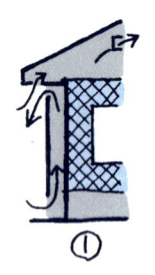

①　②　③

サイディングのような板状の外壁材の場合には，それをとめるための胴縁が付けられますが，その空隙が通気層になります。通気層は結露防止のためにだけつくられるものではありません。その空隙は，防水の点でも優れた効果を発揮します。

結局通気層の厚みは胴縁の厚さということになって，18mmから24mm程度のものになります。18mm以上あれば，水蒸気を放出することができるという判断があります。

しかし，つぎのようなケースではこの通気層を閉じてしまうような

事態が起こります。

　まず，下部の取り入れ口に当たる部分が雪で埋まってしまうこともありますし，植木などで通気しにくい状態をつくることもあります。

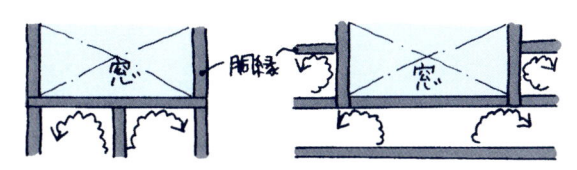

　また，断熱材の圧力で防風層が通気層側に膨らんでしまって，通気層を閉じてしまうことがあります。セルローズファイバーのように強い圧力で吹き込まれる工法の場合には，防風層だけでは膨らんでしまうので，合板のような板状の面材が必要になってきます。そして，胴縁が通気を止めていることもあります。サイディングは縦に張る縦張りと，横張りがあります。縦張りの場合には胴縁は水平（横）になりますし，横張りの場合に胴縁は縦になります。図のように，この縦胴縁がサッシまわりで通気を止めたり，横胴縁はそれ自体が通気を起こさせない状態になります。そこで通気を起こさせるために，胴縁の連続性を断ち切ることが行われます。こうしたことは指導が進んでいるのですが，まだまだ大工さんにまで伝わらないことがあって，起こり得るものなのです。

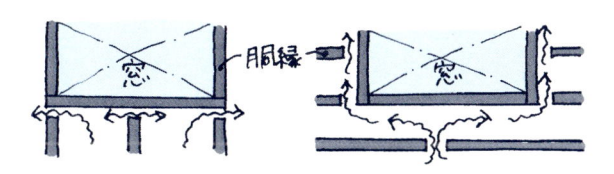

② 透湿壁工法

　壁自体に透湿性があるので，通気層を必要としない工法を透湿壁工法といいます。ケースとしては珍しいものになっており，高耐久性能をもつ住宅として通気工法が条件になっているほど，日本では通気工法が基本で，透湿壁工法は少数派です。

理由は透湿する壁が少ないということだったり，通気層は雨漏りに対しても安全という意識が根強いためだと思います。日本の外壁は70％がサイディングになっているといわれてますから，通気層が優勢なのは当然かもしれません。しかし，サイディング離れも起こっています。タイルの冷たい表情よりは土壁のような味わいが人気を高めていることもありますし，木の板でも防火性をもたせたものが登場し，板による防火構造が可能になったこともあります。そのため，透湿壁工法がこれから主流になることも考えられます。

　この場合の注意点は透湿性が十分であるかどうかで，室内側防湿層との透湿抵抗の比をチェックする必要があります。「透湿抵抗はいくつですか？」「内外透湿係数の比をいくつでみていますか？」「この地域での施工実績はどれくらいあって，何年経過していますか？」などの質問を，建築業者またはメーカーにしてみるべきでしょう。

③ 外張断熱

　これまではなしてきた通気工法や透湿壁工法は充填断熱の場合ですが，つぎは外張断熱の場合です。外断熱ブームはコンクリート造だけでなく木造でも起こっていますから，皆さんにとってはもっとも関心の高いものかもしれません。

　しかし，外張断熱のはなしになると説明が極端に短く終わってしまうので，楽しみにしてきた人たちが拍子抜けすることが多いのです。なぜ説明が簡単なのかというと，「シンプルに安全である」ことがもっとも安定していることですから，安全なものはいろんなことを考えなくてよいので，説明がほんの少しだけになるのです。

　外張断熱は柱の外側に断熱材が施工されますから，繊維系のようにフワフワしたものでは施工しにくいことと，あまり厚みを増やすわけにいきませんから，断熱性の高いものを使わなければなりません。したがって，使用される断熱材は発泡プラスチック系になることがほと

んどですが，最近はグラスウールの工法も登場しています。この場合のグラスウールはとても密度の高いボード状のものです。

　プラスチック系の断熱材は，独立した発泡体なので透湿抵抗が高いのが特徴です。特に押出法ポリスチレンフォームは透湿抵抗が高く，また，硬質ウレタンフォームのように少し透湿するものでも，両面を防湿層で複合して透湿抵抗を高めています。したがって，繊維系のように断熱材の中を水蒸気が透過して結露するようなことはありません。だから，内部結露は起こさないのです。……これだけで説明は終わりです。

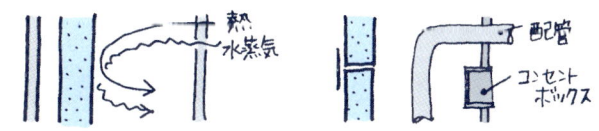

　ただ，ボード状の断熱材を隙間なく施工すること，防湿および防水のためのテープをしっかり貼って気密を高めることが重要です。高い気密性が内部結露を防ぐ重要な要素であるとして，気密化施工にむずかしさのある充填断熱より，施工が容易な外張断熱の方が安全性が高いといえます。以上のように木造の場合にも，内部結露防止では内より外の方が有利だといえるのです。

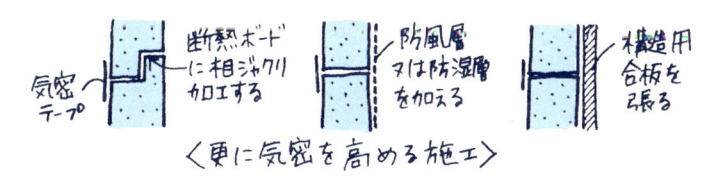

〈更に気密を高める施工〉

　だからといって充填断熱は結露するというわけではありませんし，断熱・気密化だけで家は建ちませんから，充填断熱にする方が有利な場合も多くあります。この辺りの断熱工法の選択については，拙著「高断熱・高気密バイブル」（建築技術）を読んでいただくとして，ここでは内部結露防止において外張断熱に優位性はあっても，充填断熱が結露するというものではないことを，しっかり頭の中に入れておい

てください。問題は施工精度です。

●防湿層，防風層

　外張断熱で透湿抵抗の高い発泡プラスチック系の断熱ボードを使用する場合には，防湿層も防風層も必要ありませんが，グラスウールボードの場合は防湿層・防風層ともに必要になります。

●通気，透湿の要

　透湿しないのですから通気層や透湿壁は不要だと考えることもできますが，それでも外にいくほど開放という原則はここでも重要です。また，透湿しない材と透湿しない材を密着させると，その間に水蒸気が入り込み滞留します。昔（といっても15年ほど前のことですが）は防湿層を張った上にプラ系断熱ボードを張っていましたが，施工中の現場で，防湿層のポリエチレンフィルムが白く濁っているのを目にすることがありました。ボードとフィルムの間に残った水蒸気が結露するのです。この結露はそのうち消えるのですが，いずれ防湿材と防湿材を合わせるより，防湿と透湿を合わせた方が安全になります。

●充填断熱の施工中の結露

　はなしが前後しますが，暖房もしていないのに結露がはじまっているという例は充填断熱の場合もよくあることです。これは防湿層の断熱材側で結露してフィルムの裏側が白く濁ってみえるものですが，この水は木材の中から発生したものです。したがって，その水分が外に放出されれば消えるのですが，それまでの間に間柱などが黒くカビて

しまう現場もあります。やはり水蒸気は外に行くほど，開放の原則はどんな場合でも重要です。

防湿層

### ④ エアサイクルで防ぐ

　エアサイクル住宅という言葉を，耳にしたことがあると思います。エアサイクルという言葉は，そのまま受け取れば空気が循環する家という意味になるのでしょうが，これを換気付きの家と思う人もいますし，暖房が循環している家と思う人もいます。

　エアサイクルというのは図のように在来工法＋外張断熱を基本構造にしており，そこでできる壁の中を空気が循環します。壁〜小屋裏〜壁〜床下に循環するのです。とはいってもファンのようなものがあって循環させるのではなく，日射が南側の壁や屋根を暖めることによって起きる浮力を利用します。つまり，ソーラー利用の家なのです。冬は壁や屋根に当たった太陽熱が外張断熱材と外壁の間の空気層（太陽熱コレクターの役目をもつ層で，一般の通気層と違って内と外が通じていない）の空気を暖めて上昇させ，その時に床下の空気を取り込みます。このような動作があって，太陽熱を利用して空気を循環させるのです。なぜ，こんなことをするのかというと，南側の壁の中は太陽を浴びて暖かくなっているので内部結露しても乾燥しますが，北側はいつまでも冷え込んでいて結露すれば乾くことがありません。そこで，南側で得られた熱を北側に循環させることで，結露を防ごうというものです。熱を与えることで結露を防ぎ，そして流れる空気が木材の腐れを防止する………，当時の日本では高断熱も高気密も危険なものとしてしか受け取れず，木材が流れる空気に触れていないことはもっての他といった考え方が強かったのです。

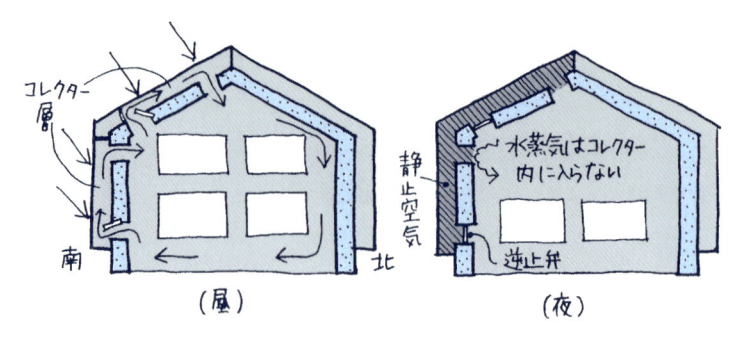

しかし，エアサイクルには一つ弱点があって，太陽が沈んでしまうと今度はコレクターの中は外気温近くまで冷え込みます。そこに，暖房している部屋の熱と水蒸気が入り込んでしまうと，結露を起こしてしまいます。結露を防ぐための方法論が，一転して結露発生器になってしまうのです。そこでエアサイクル工法には，室内の暖かく湿った空気がコレクター内に侵入しないような工夫がしてあります。室内の空気はコレクター内で冷やされると重くなって下降気流になり，昼の逆で壁から床下に流れていこうとします。この間に結露が起こるのですが，その下降気流を止めるために通気弁などのさまざまな機構（エアサイクル工法にも幾つかありますので）が組み込まれています。

　エアサイクル工法が生まれたのは今から20年ほど前のことで，当時は北海道でグラスウールの壁が内部結露を起こしてナミダダケを発生させていた頃でしたから，結露防止工法の開発が盛んだったのです。当時はこうした壁の中の温度を高めようというところまでは至っても，全室暖房や計画換気，窓の断熱化などには無頓着なままでした。

とにかく家を腐らせないということが，差別化のテーマだったのです。

このエアサイクル工法は現在では換気や暖房についても対応して，断熱住宅としての一つの位置をつくっていますが，日本の断熱の主流にはなりませんでした。その後，北海道から高断熱・高気密の考え方が本州にも伝わってきました。

この考え方は家全体を均一な温度にする全室暖房と計画換気を目的に断熱・気密を高めるもので，暖房・換気・断熱・気密の四つのバランスづくりの提唱です。この考え方は本州にも受け入れられて普及段階に入っていますが，内部結露防止という点ではエアサイクルと違った形態を取っています。

エアサイクルは南側で得た熱を，北側の壁の中に循環させます。そこで北側の壁の中を暖めようとするのですが，高断熱・高気密の外張断熱の場合は全室暖房が基本ですから，南も北もなくすべての壁体内は同じような温度になっています。エアサイクルのように太陽熱を得て，循環させる必要もないのです。つまり，エアサイクルが開発された時代には，全室暖房で結露を防ぐという考えはありませんでした。あくまで個別暖房の世界だったのですが，全室暖房を条件にするとずっと簡単になってしまうのです。

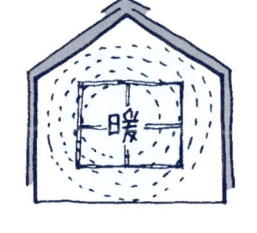

〈エアサイクル〉

また，充填断熱では壁の中は断熱材で一杯になっています。流れる空気に木材が晒される条件はありません。しかし，この流れる空気が必要という意味は木材の乾燥を即することであって，充填断熱のよう

に木材を空気に晒せない状態でも木材が乾燥すればよいのです。その状態をつくるのが水蒸気は外に行くほど開放という状態で，水蒸気は空気とともに移動しますが，空気が動かなくてもガス状なので拡散しようとしています。拡散するというのは全方位に散らばっていくことですが，その動きは圧力差で起こります。室内の水蒸気の圧力が外より高くなれば水蒸気は外に出ようとしますし，家の中で圧力差ができれば均等になるまで拡散しようとします。木材が吸収した水蒸気は同じように，圧力の低い方に拡散していきます。つまり，流れる空気に触れなければ木材は乾燥しないということではないのです。

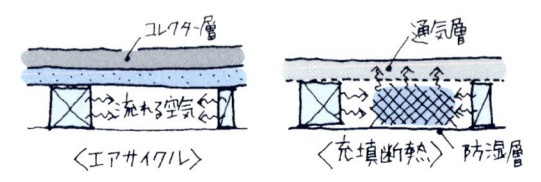

⑤ **外張断熱は湿気がこもらないのか**

外張断熱では全室暖房をしていれば壁の中も室内も同じような温度になっているわけですが，断熱材と内装材の間は部屋の中からは見えませんし，これは天井裏も床下も同じことです。見えないという状態は，ブラックボックスのような感じがして怖くなります。内装材と断熱材の空洞の中，床下の中，天井裏に湿気がどんどん行けば，どんどん湿気は溜まってしまうのではないか？という疑問が湧いてきます。前にはなしたように，水蒸気は圧力差ができれば平衡になるまで拡散しますので，湿気がこもるという表現は正しい表現ではありません。水蒸気はこもるものではなく，拡散するものです。

この圧力とは絶対水蒸気の量（圧力）のことです。絶対湿度が均等になったとすれば温度の低いところで相対湿度は高くなり，温度の高いところでは低くなります。相対湿度が高くなって100％を超えれば，結露します。湿気がこもるというイメージは結露はしないまでも，相対湿度が高い状態で，いつ結露してもおかしくないような状況をさし

ているように思います。そうだとすれば，低温の部分がそういう状態にあるといえるのです。

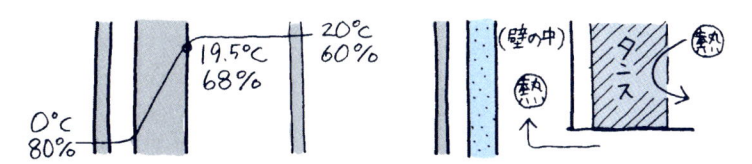

　では，外張断熱の壁の中がどんな温度になるのかみてみましょう。

　図のように壁の中は室内と同じような状態にあり，相対湿度も同じような状態になります。外張断熱で壁の中に湿気がこもるということはないのです。

　ここで表面結露の第Ⅱ章で箪笥の裏側が結露しやすいというはなしをしましたが，それは箪笥が断熱材になって裏の壁に熱を送らないようにするからです。ここに外張断熱を当てはめてみます。外張断熱は熱が断熱材のところまで室内とほぼ同じ状態になりますから，箪笥の裏側であっても同じ温度だということです。多少低めにはなっても，充填断熱のように室内の熱を内装材の面で受けるしかない状態と違って，熱を壁の中で均一にする力が働いているのです。表面結露の場合でも，外張断熱の優位性がもう一つ増えます。

### 6 調湿系断熱材の場合

　充填断熱と外張断熱の内部結露をみてきましたが，ここで最近話題になっている調湿性のある断熱材を用いた充填断熱について考えてみます。

　調湿性については，第Ⅱ章でも触れました。結露してもそれを吸湿して，部屋や外が乾燥すれば放出する。そのバランスがとれれば，結露は実害のあるものにならない。しかし，調湿性に頼って断熱・気密をないがしろにしてよいということにはなりません。吸放湿のバランスがとれるかどうかの実質的な学問体系も整っていない現状では，調

湿性というのはバッファー（緩衝）として安全性を高めるという目的の範囲で考えるべきだ，ということを学びました。

　その調湿性をもつ断熱材を充填断熱に使った場合に，どんなことになるでしょうか。

　今までは調湿性のないグラスウールを想定していましたので，室内側で防湿，外にいくほど開放と考えてきましたが，断熱材自体に調湿性があるということになると，断熱材の中に入り込んだ水蒸気は材の中で吸湿され，室内または外が乾燥すれば放湿するということが可能になりそうです。さらに夢を膨らませれば，断熱材が室内の水蒸気を吸放湿するのですから，室内の湿度も程よいくらいのところでコントロールすることができるような気になってきます。

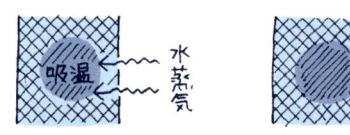

　調湿系の断熱材や塗り壁の製品パンフレットをみれば，部屋の湿度をほどよく調湿する程度のことは必ず書いてあります。グラスウールの場合のように室内側で防湿してしまうと，夢の膨らんだ調湿性を失わせるのと同じことになります。これではイカン！室内側の防湿をなくして，外も内も透湿性のある防風層を施工するべきだ……，という主張が生まれてきます。

　ところが，この理論はついこの前まで認められていなかったのです。そして，セルローズファイバーのメーカーが防湿層なしの条件で，次世代省エネルギー基準の認定を受けたことで，はじめて認められることになったのです。それは室内の湿度までコントロールする夢のものとしての認定ではなく，内部結露に対しての安全を認めたものです。では，どのように調湿性が取り上げられたのでしょうか。以下は，この調査を行った建材試験センターの黒木勝一氏の論文を要約したものです。

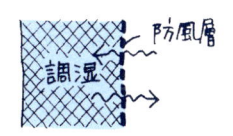

調湿系断熱材が確かに調湿するのであれば、前にある図のようになるはずです。しかし、実際はそうではありませんでした。壁の中に入った水蒸気は、セルローズファイバーの中を多くはすり抜けてしまいます。

　セルローズファイバーは新聞紙の古紙を崩してつくったリサイクル断熱材で、壁の中に吹き込み、または吹き付ける工法です。この吹き込みまたは吹き付け施工は壁の中に隙間なく施工できる特性をもっていますが、グラスウールのように繊維が長くありませんので密度高く施工しないとずり落ちてしまいます。グラスウールのように密度が10kg/m³とか16kg/m³いった状態で施工されているのと違って、55kg/m³程度の高い密度になっています。

　その壁の中に水蒸気が入れば必ずセルローズファイバーの繊維に当たって吸湿されるような気がするのですが、それでも空隙率（くうげきりつ）は93％程度はあるようで（グラスウールは98％にもなるそうですが）、水蒸気の小さな粒にとっては大きなトンネルの中といった状態なのでしょう。スイスイ通り抜けてしまうようです。

　通り抜けてしまうのですから、調湿する前に面材まで透過してしまいます。

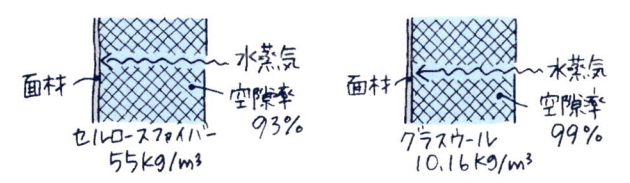

　この時、面材が防風層なら容易に透湿することができますが、セルローズファイバーの場合、密度が高いのでしっかりした板のようなものでなければ、通気層まで面材が膨らんでしまい通気層を閉じてしま

93

います。そこでセルローズファイバーの場合は，合板またはダイライト（大建工業の商品名ですが，難燃性をもった，合板よりは透湿性のある板）またはシージングボードなどが面材として使われます。

シージングボードはとてもよく透湿する板です。ダイライトも透湿性はある程度あります。前述したように合板は，透湿抵抗が高い材料です。したがって，合板まで達した水蒸気はスムースに通気層まで放出されないで，結露してしまうことが考えられます。そこで実験をしてみたところ，合板ではやはり結露が発生しました。つぎにダイライトでは72時間後から結露が発生しましたが，これは安全範囲として考えられる状況です。シージングボードの場合は，問題なく結露しませんでした。

この結果から，防湿層をもたない場合では面材に合板を用いることはできませんが，ダイライトなら大丈夫ということになります。しかし，黒木氏はここで以下のような条件を加えています。

①室内の温度が高く相対湿度が低い
②断熱材もしくは内装材に吸放湿性がある
③気密性が高い
④地域は次世代省エネルギー基準のⅣ地域以南とする

①は家の中全体が暖かい状態＝相対湿度は低いという条件がないと結露しやすくなるため，これは表面結露防止の基本であることはこれまでの項目で勉強したことです。

②は断熱材自体が浸入した水蒸気に対して調湿するという意味ではなくて，結露を発生させる条件が瞬間的に揃って面材の面で結露しても，調湿性のある断熱材の場合はある程度ならその水を吸水・保水することができるということで条件に加えているのです。因みにグラスウールのように無機繊維系では調湿できないために，面材でできた結露水は毛細管現象によってグラスウールの中に広がってしまって断熱

性能をなくしてしまうことになり，また，その域を超えれば土台まで結露水を落としてしまいます。

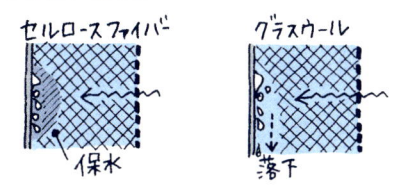

水蒸気というのは「絶対湿度（相対湿度ではありません）が高い方から低い方へ（冬の場合は内から外へ）」流れますが，結露してしまうとその水は水蒸気の流れと逆に「濡れた方から乾いた方に」流れます。そして，水は空気や水蒸気よりはるかに熱を伝えるものなので，断熱材でもなんでも濡れてしまえば断熱性能は激減してしまいます。

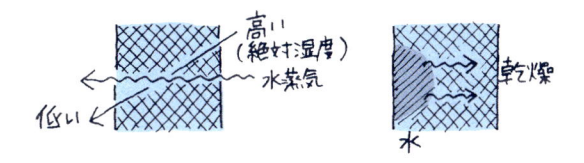

このことから，防湿層なしの断熱工法では，安全性を考えると調湿性のある断熱材が求められるのです。また，内装材に調湿性をもたせるという意味は，壁の中に水蒸気が入ろうとするのを吸放湿して防湿層代わりに働かせようという考え方から導き出されたものです。

前にはなしたように，壁内に入った水蒸気はセルローズファイバーの場合でもほとんどが吸湿される間もなく面材まで到達します。調湿性がないグラスウールと状況は同じであって，調湿性があるから内部結露を防ぐということはできませんが，調湿できることは安全を高めるクッション（バッファー）として求めるべきだということです。

③気密性が高い

これは内装材に気密性を求めないと防湿効果が得られないこと，そして断熱材が隙間なく施工されないと，水蒸気は対流現象によって直

接面材までいってしまうことを防ぐためです。いくら防湿層をなくしてかまわないといっても，内外の透湿抵抗はあくまで前に述べたように温暖地でも2：1であるわけですから，面材より，グラスウール＋内装材の透湿抵抗の方が倍の抵抗をもっていなければなりません。その抵抗をつくるのが気密性となります。

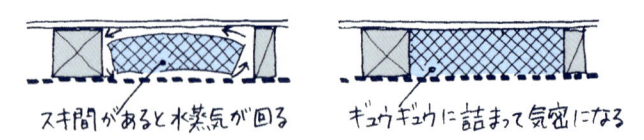

スキ間があると水蒸気が回る　　ギュウギュウに詰まって気密になる

④Ⅳ地域以南とする

　防湿層なしで内外の透湿抵抗の比を大きくすることはむずかしく，2：1が限度で，この比でも内部結露に安全といえるのはⅣ地域以南（新省エネルギー基準の区分でいえば）と判断されています。

　以上のはなしをまとめると，防湿層なしでも内部結露を防げるが，その条件は「調湿系断熱材を隙間なく施工し，内装材も同様に気密に配慮し，面材は防風層またはシージングボード，そしてダイライトまでが限界で，合板は不可能。地域はⅣ地域（東京程度の寒さ）以南に限定され，寒冷地では危険性あり」ということになります。

⑺ 乾燥木材を使う

　前述したように施工中に防湿層に結露することがあり，その原因は木材の水分だといいましたが，木材は伐採したばかりの時にはたっぷりと水を含んでいます。木材は吸放湿する材料ですが，その吸放湿も土などが吸放湿するメカニズムと違って，ある域までは吸湿しても濡れた感じにならずサラサラした状態で吸湿していることができる特性があります。ただ，その域を超えると水として保水することになりますので，濡れた感じになります。

　昔は建築するとなれば，山から伐ってきてそれを寝かしておきまし

た。天然乾燥というものです。でも，今は2，3ヶ月で家をつくる時代ですから，濡れたまま使われてしまいます。天然乾燥では間に合わないので機械的な乾燥（人工乾燥）が行われていますが，コストが高くなることもあって，まだまだ濡れた木材が使われることが多いのです。

　充填断熱の場合では，濡れた木材から出た水分が施工時の結露を招きますし，乾燥すると収縮しますから，気密層に影響を与えることにもなります。外張断熱の場合は室内の過乾燥状態を直接に木材が受けますので，余計に乾燥して割れたり，隙間をつくろうとします。したがって，結露を防ぐための高性能な住宅には濡れた木材は使うべきではありません。

　昔は天然乾燥させてから施工し，それも土壁の乾きを待ちながら何年もかけて家がつくられたのです。3ヶ月で家をつくりたいのであれば，人工でも天然でも，乾燥させた木材を使うことが当たり前のことなのです。

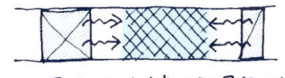

濡れた木材から湿気が出る　　乾燥すると収縮する

```
                結露するか？　結露しても湿害に至るか？

        ┌─────────┐        ┌─────────┐
        │ 定常計算 │        │非定常計算│
        └─────────┘        └─────────┘
              ↖    判定    ↗
                ┌─────────┐
                │ 内部結露 │
                └─────────┘
                ↙         ↘
        ┌─────────┐      ┌─────────┐
        │ 外張断熱 │      │ 充填断熱 │
        └─────────┘      └─────────┘
        プラ系断熱ボード      ↙         ↘
                      ┌─────────┐  ┌─────────┐
                      │ 通気工法 │  │透湿壁工法│
                      └─────────┘  └─────────┘
```

# 第V章
# 夏型結露

ここまで十分に結露の勉強をしてきましたが，これまでのはなしは冬のことだけです。しかし，結露は夏にも，梅雨時にも起こるのです。それを夏型結露といいます。

## 1. 地下室や床下で起こる

春に異常に気温が高く，生暖かい風が吹く日がありますよね。その時にマンションや学校の廊下が，ビショビショになる現象を経験することがあります。それが夏型結露です。また，地下室は恒温性（温度が安定している）があるので夏涼しく，冬暖かいのが特徴ですが，その地下室の多くはカビ臭い部屋になってしまいます。冬は暖かい地下室なのに不思議なはなしです。実は地下室のカビをつくる結露は，夏に起こっているのです。そして，同じことが木造住宅の床下でも起きています。

では，夏型結露のメカニズムをみてみましょう。

冬に冷え切ったコンクリートは春になって徐々に暖まってきますが，それでも不意に水蒸気をたっぷり含んだ生暖かい空気に触れればたちまち結露してしまいます。

地中の温度は10mも下では一年中変わることなく，その地域の年間平均温度のままです。井戸水が夏冷たく・冬温かく感じるのは，一

年中同じ温度（15℃前後）だからです。これと同じことが地下室にもいえますから、地下室の壁は夏に低温になっており、そこに外の高温で多湿な空気が入ってくれば冷やされて結露します。

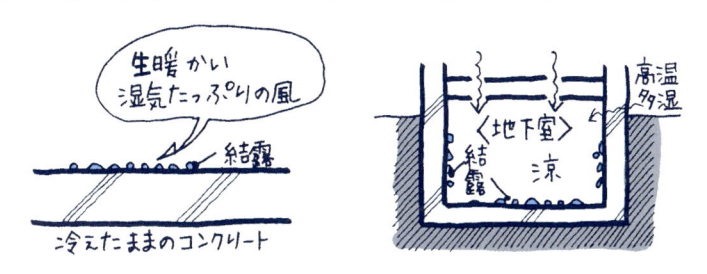

　床下も地下室ほどではないにしても、地温の影響を受けて恒温性がありますから、冬には表面温度は10℃程度、夏には25℃程度になっています。そのため床下は換気孔から外気が出入りしたとしても、外気より多少温度は高くなっていて、断熱計算をする時には、床下だけは外気と室温の差を70%で計算します。

　外気が0℃で室内が20℃だったら、壁や屋根の場合は20℃の温度差で計算しますが、床下だけは20℃×70％＝14℃で計算します。この場合は、床下の温度は6℃でみていることになります。冬の結露に対しては安全側になるのですが、夏は逆に外気より冷えているので結露しやすくなります。換気孔や隙間から床下に高温多湿の空気が入ってくれば、冷えたままの床下の基礎や土間コンクリートにぶつかり、冷やされて結露するのです。でも、これらが夏の温度を吸収して温まってしまえば、結露はしなくなります。

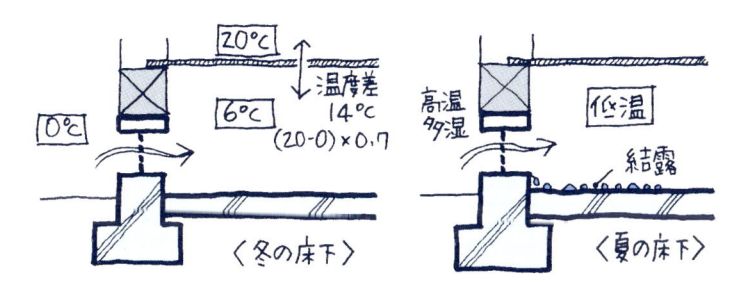

夏型結露は冬のように長いスパンのことではなく，瞬間的なことといえます。したがって，それほど大きな問題に発展しないように思えますが，実は夏の湿気たっぷりの空気が結露するのですから，夏型結露は量的に小さいわけではありませんし，気温が高いので，木材腐朽菌が元気な環境にあるために危険な結露ということになります。

## 2. 夏の逆転現象

　夏型結露は想像もつかないところでも発生します。冬の結露を防ぐ通気工法は室内側で防湿，外に行くほど開放の原則を適用したものです。しかし，夏になると逆に外が高湿，冷房をかけた部屋の中は低湿になるので，水蒸気は外から内に向かって流れるようになります。

　外にいくほど開放にしていましたから，通気層から多量の水蒸気がスカスカの防風層を透過して断熱材の中もスイスイ透過し，室内側防湿層まで行ってぶつかります。冷房運転していれば，その防湿層の面で冷やされるので結露します。これを逆転結露と呼びます。この逆転結露は冷房した場合に起こるだけなので，その時間帯はわずかですが，温度も高いので無視することはできません。

## 3. 夏の逆転結露を防ぐ

　夏の逆転結露は謎の多い結露です。

　なぜ謎かというと，学識者の間でも「理論的には有り得ても実害が出るほどのことはない」という判断と，「いや夏のことなので危険はある」という判断とに分かれていて，どれを信じてよいのかわからないのが現状です。起こるという判断の場合でも，冬の結露に比べれば量的には小さいのですが，夏なので木材腐朽菌が繁殖する温度域でもあり，またカビの発生も考慮すれば無視することはできない……とい

った程度のことといえます。

　そんな状態なのに実践・商売ベースでは夏型結露を大きく扱うことが多いため，充填断熱は危険だとか，室内側の防湿をしてはいけないといった過激な意見が飛び交っています。

① 逆転結露のメカニズム

　夏の逆転結露は，冷房で室内が冷えている場合に，水蒸気は冬とは逆に外から室内に向い，繊維系断熱材の中を透過して防湿フィルムにぶつかり，冷やされて結露すると述べました。ところがこのような外気に含まれる水蒸気の流れだけでなく，柱や間柱，外壁を止める胴縁，耐力壁としての合板などからも水蒸気が発生していることがわかってきたのです。

　日射を受けると，外壁の温度はどんどん上がって50℃近くになります。その熱が外壁を支えている胴縁や構造用合板を熱しますので，それらから水蒸気が吹き出します。あたかも，太陽熱で木材を蒸しているような状態です。これを蒸し返し現象と呼んでいます。

　吹き出した水蒸気の一部は間柱や柱に吸収されますが，残りは防湿層までたどり着き，そこで冷やされて結露します。

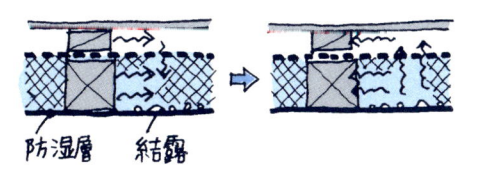

　土屋喬雄東洋大学工学部建築学科教授によれば，「実験の結果結露発生のピークは正午前後で，午後4時くらいには止まります。それから夜半までは防湿層に付着した結露水は蒸発して合板に吸われたり，防湿層から通気層に出ていきます。防湿層裏の結露水が完全になくなると壁の中の相対湿度は急激に下がり，朝方6時くらいには最低の60〜70%になります。合板からは一日のトータルで約60g/m$^2$もの水分

が移動します。防水層のポリエチレンシートには最大で10〜20g/m³の水滴しか付着できないので、残りは落下しているとみられます。合板のように水分を保水する材料は春から梅雨にかけて徐々に水分を摂取し、夏に含水率が最大になるパターンを繰り返します。」
※建築技術別冊1「高断熱・高気密住宅の実践マニュアル」土屋喬雄『内部結露対策／通気工法の効果と夏の逆転現象』

### 2 逆転結露も外にいくほど開放が原則

　つまり、合板などから蒸し返される水蒸気は防湿層で結露することになりますが、その水はまた通気層から外に排出されるというのです。ということは外に行くほど開放の原則でつくった通気工法は、夏の逆転結露でも正しい工法だといえるのです。何だかおかしなはなしですね。外に行くほど開放だから結露したのに、その結露はやはり外に捨てるのだというのですから。しかし、冬も夏も同じであればよいのなら「助かった」という感じですね。

　ここで逆転結露の対策について、整理しておきましょう。

イ）日射を受けた外壁の温度上昇を防ぐ

　通気工法にして、熱を通気層から放出する。これで5℃ほど下がります。また、外壁自体に断熱性をもたせることも一つの方法です。外壁が日射を多く受ける面といえば南面より西面が厳しいので、西面の壁を熱しないような対策も効果的です。木を植えられればそれに越したことはありませんが、できなければ壁面緑化はいかがでしょうか。とても効果があります。

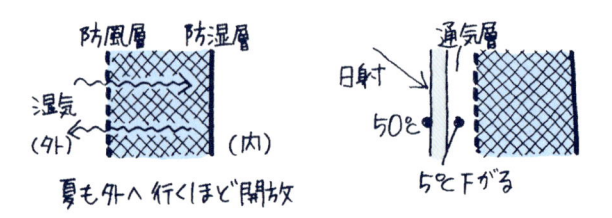

ロ) 外に行くほど開放の原則で，蒸し返し現象で発生した水蒸気を外に放出する。

　冬と同じように室内側防湿の通気工法のままでよい。

ハ) 吸放湿材を防湿層と断熱材の間に設ける

　土屋喬雄教授は「3mm程度の吸放湿材を防湿層と断熱材の間に挿入すれば，一日60g/m²程度の結露は吸収することができ，夜間にはこれを放出して合板に吸収させればよい。最近の実験によると調湿材と断熱材との間の相対湿度は45〜65％に押さえられる」と述べています。

（※建築知識1999年3月号「本音で語る高気密・高断熱」土屋喬雄『夏型結露は防げるか？』より引用）

　ここでも問題になるのは，構造用合板の存在です。外に行くほど開放の原則をやぶる透湿抵抗の高いものが，通気層の手前に張られた状態です。この構造用合板はそれ自体が蒸し返し現象を起こして，水蒸気を放出するためダブルパンチで面倒になります。蒸し暑さが厳しい地域では合板ではなく，ダイライトやモイス（三菱商事建材（株））のようなものにする方がよいでしょう。

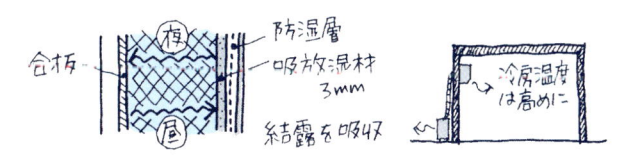

ニ) 冷房温度を高め，運転時間を短くする。

　断熱・気密性の高い開放的な間取りの家で，一台のエアコンで冷房すると，室温は28℃以下には下げられませんが，湿度は55％まで下げることができます。住宅内だとこの程度でも薄着をしていれば十分に快適です。28℃のような状態では重大な逆転結露など起こることはありませんから，断熱・気密を十分に活かして，過大な冷房に頼らない快適な生活を目指すことが夏の逆転結露を防ぐ基本といえるでし

よう。

### ③ 逆転結露は防湿層をなくして防ぐ

　逆転結露は蒸し返しで発生した水蒸気が室内側にある防湿層に堰き止められることで発生するものですから，この防湿層をなくしてしまえばよいことになります。尾崎明仁北九州市立大学国際環境工学部助教授はシミュレーション結果から，「外気が3℃以下にならない地域では冬に防湿層なしでも湿害はおこらない」と判断しています。
※建築技術別冊8「結露防止の完全防止マニュアル」尾崎明仁『夏季の逆転結露はあるのか』

　ということはグラスウールあるいはセルローズファイバーなど，繊維系の断熱材を用いて防湿層なしの断熱構造をつくれば，寒冷地以外では冬の結露や夏の逆転結露を防止することができることになります。もちろん室内側と外側の透湿抵抗の比を，2：1以上にすることが原則です。これは冬の内部結露を防ぐために必要な比率ですが，夏の逆転を防ぎながら冬の結露も防ぐという比率になるのです。

### ④ 逆転結露でも強い外張断熱

　ここで発泡プラスチック系の断熱ボードを用いて，外張断熱にした場合を考えてみましょう。①断熱材自体が透湿抵抗が高いので，水蒸気が透過しません。②断熱材が構造体の外側にあるので，柱や間柱，構造用合板は日射熱の影響を受けず，蒸し返し現象が起こりません。これら二つの理由から，発泡プラスチック系断熱材による外張断熱は安全だといえます。あっけないほど短い説明で拍子抜けでしょうが，

これ以上説明する必要がないのでしかたありません。住宅金融公庫が製作した断熱・気密の解説ビデオでも，内部結露の項では充填断熱の場合を執拗に解説しながら，外張断熱になるとほんの少しの解説で終わってしまいます。いずれ冬も夏も，プラスチック系断熱材の外張断熱はシンプルに安全だということができます。

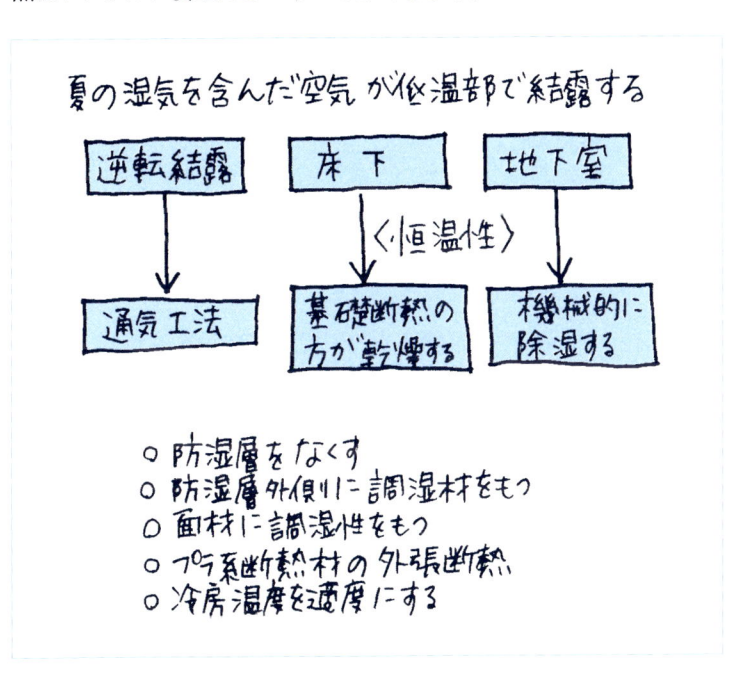

夏の湿気を含んだ空気が低温部で結露する

| 逆転結露 | 床下 | 地下室 |
|---|---|---|
| ↓ | 〈恒温性〉 | ↓ |
| | ↓ | |
| 通気工法 | 基礎断熱の方が乾燥する | 機械的に除湿する |

○ 防湿層をなくす
○ 防湿層外側に調湿材をもつ
○ 面材に調湿性をもつ
○ プラ系断熱材の外張断熱
○ 冷房温度を適度にする

column
結 露 被 害 例 ①
# 結露対策の道具・窓まわりの結露

こんな道具が…

サッシの
結露

ガラスの
結露

第 VI 章

# 床下の結露

# 1. 地面から湧いてくる水

　床下は結露を考えた場合に、とても過酷な環境になっています。まず、床下地面に接しているので、そこから湿気がどんどん上がってきます。地面にビニールシートを敷くとたちまちビニールの裏側にビッシリと水滴がつきます。それほどに地面から水蒸気が上がっているのです。

### 1 床下換気孔

　この水蒸気対策として昔の日本家屋は基礎を独立基礎でつくり、外気が自由に出入りして、土壌からの水蒸気から家屋を守ってきました。ところが、耐震基準ができてから、基礎は独立基礎から布基礎に変更されました。布基礎には①布基礎と、②ベタ基礎の2種類があります。

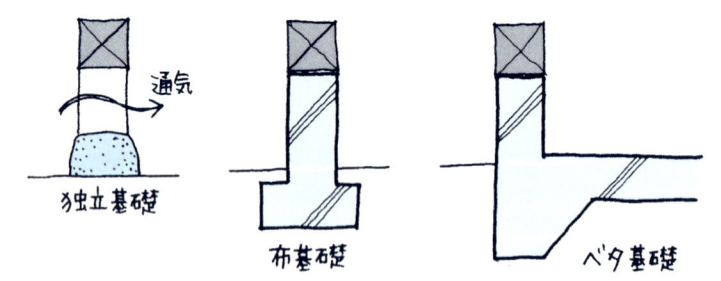

### 2 地面を防湿する

　布基礎になると、一挙に地面の水蒸気を床下に閉じ込めてしまうことになります。そこで地盤の水蒸気対策として、床下換気孔が設けられることになりました。

　住宅金融公庫には低利の融資

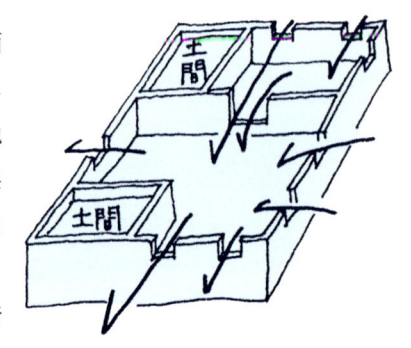

（基準金利）を適用する条件として耐久性仕様を設けていますが、その中で床下換気孔は有効換気面積300m²以上の床下換気孔を間隔4m以内ごとに設けることと規定しています。

また、つぎのような注意が与えられています。

「コーナー部分は換気不足になりがちなので換気孔を設けること、換気孔はできるだけ高い位置に設ける、間仕切り壁の下部が布基礎の場合は、通風、点検のために換気孔を必ず設ける。……」

ただし、この床下換気孔は基礎断熱には適用されません。

さらに、床下の防湿についても触れており、①床下地面全面に厚さ60mm以上のコンクリートを打設するか、②床下地面全面に防湿フィルムを敷き詰めるかの、いずれかの措置を採ることにしています。
※住宅用プラスチック系防湿フィルム/JIS6930、包装用ポリエチレンフィルム/JISZ17802、農業用ポリエチレンフィルムJIAK6781および同等品で、厚さ0.1mm以上のものを、重ね幅150mm以上で敷き詰め、全面を乾燥した砂、砂利、またはコンクリートで押さえる。

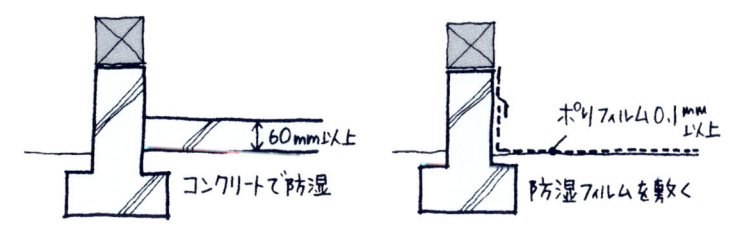

30年前では、この防湿措置は採っていませんでした。その頃北海道では、壁の中に100mmの断熱材が使われるようになると、土台付近で結露が発生し、土台に木材腐朽菌のナミダダケが繁殖し大変な事態になりました。これが俗にいうナミダダケ事件です。この問題に取り組んだ研究者たちは、室内の水蒸気が壁内に侵入して起こったのだろうと推察し、面材の透湿性を高めることが重要だと判断しました。

ところが、原因は違うところにありました。それが地面からの水蒸気だったのです。当時は床下地面の防湿措置はしていなかったので、

その水蒸気が土台と根太の間から壁の中に侵入し、土台付近で結露していたのです。この対策として床下と壁の中が通じないように気密措置がとられることになりました。いわゆる上下の通気止めです。結露を防ぐのに、気密性が重要だという認識が起こったのもこの事件がきっかけでした。高断熱・高気密のドラマはこんなことからはじまったのです。

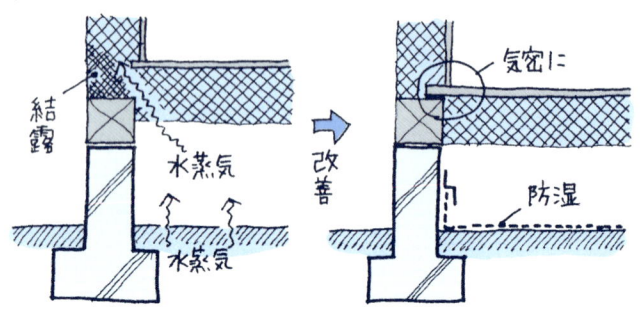

③ 床断熱

さて、床断熱をする場合に、防湿と防風をどのように考えたらよいのでしょうか。壁の通気工法の場合では、水蒸気の流れは室内から外に向いていたのですが、床下の場合は地面からの水蒸気があるので必ずしも室内から床下へというわけにはいきません。そこで床下の防湿措置をしっかりやって床下の水蒸気発生を止め、さらに外気を換気孔から出し入れして床下を外の環境に近づけます。ここまでくれば床断熱の場合も壁や天井と同じように、室内側で防湿し、床下面で防風するスタイル一つで考えることができるようになります。

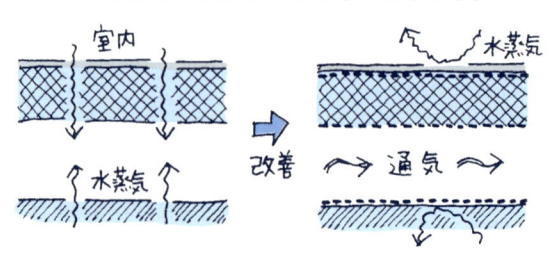

### 4 床下の夏型結露

　床下の湿気問題は，①防湿，②換気孔による通気，③室内水蒸気の防湿によって，解決したかのように見えました。ところが今度は，温暖地で予想もしていなかった結露が起こりました。それは冬ではなく夏のことでした。

　地面からも室内からも水蒸気は起きなくなりましたが，夏になると，外の高温で高湿な空気が換気孔から床下に入ってきます。床下は恒温性がありますから，外気より冷えている場合が多くあります。その冷えている状態の時に，外の空気が触れると冷やされて結露するのです。

　夏に床下で，土間コンクリートの上に水が溜まっているのを目にすることがあります。その水滴はこうしてできた夏型結露が残したものです。

　以下は，岩前篤氏による夏型結露の状況調査報告（建築技術別冊8「結露の完全防止マニュアル」『基礎断熱は結露しないのか』）です。

　仙台，茨城，金沢，大阪，広島，福岡の戸建住宅36件を調査しましたが，そのうち床下地面の防湿をしている住宅が26件，防湿していない住宅が10件ありました。

● 夏に，ほとんどの家で床下の相対湿度は80％を超えていました。7，8月の2ヶ月の間に1日以上結露した家は29件もあり，その内5日以上も結露していた家は6件もありました。
● 地面を防湿していれば，床下の絶対湿度は年間を通じて外気とほとんど等しいこともわかりました。床下換気孔からの外気の導入はそれなりの効果をもっていたということになりますが，これが夏型結露を招く要因になりました。

　私たちは床下には換気孔があるのが当たり前で，それが床下を乾燥させているのだと思い込んでいましたが，その当たり前のことをして

いると夏に結露することがあることを知りました。結露というものは，一筋縄ではいかない相手なのです。

つぎに，これから勉強する基礎断熱には換気孔がありません。その基礎断熱の方が床断熱＋床下換気孔の場合より，乾燥するといったらあなたは信じますか。

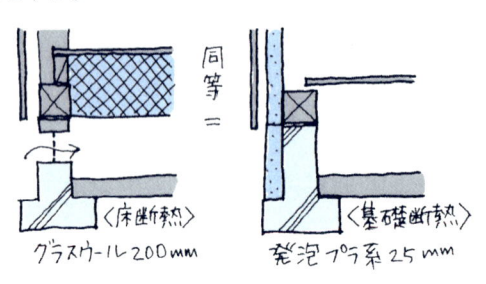

## 2. 基礎断熱

これまでは床断熱の場合を考えてきましたが，ここでは基礎に断熱した場合を考えていきます。基礎断熱は外張断熱では基本的なものですが，充填断熱の場合でも施工性がよいことなどで，床下だけは基礎断熱にする場合が大変多くなっています。そのうち基礎断熱が，日本の戸建住宅の基本型になることが予想されます。

### (1) 基礎断熱の種類

基礎には図のように（イ）布基礎，（ロ）腰壁と一体になった布基礎，（ハ）ベタ基礎と一体になった布基礎の3形式があります。北海道のような寒冷地では土壌が凍結してしまい，基礎を深くつくらないと霜で持ち上げられてしまうことがあります。そこで深くつくった基礎を利用して，半地下をつくることが多くなっています。こうした場合には，（ロ）のような腰壁と一体になった布基礎がでてきます。でも一般的なものではないので，以後のはなしでは省きたいと思います。

（ハ）のベタ基礎と一体になった布基礎は，みてもわかるように耐震性が高くなるので，最近とても多くなっています。

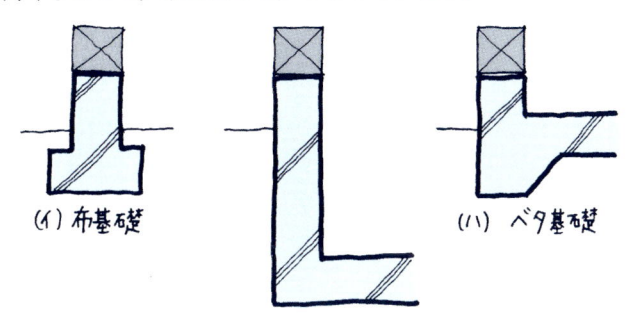

(イ) 布基礎

(ロ) 腰壁と一体になった布基礎

(ハ) ベタ基礎壁

つぎに，布基礎にも（あ）土間のまま防湿する場合（とても少ないが）と，（い）土間に押さえのコンクリートを打つ場合と，（う）土間コンクリートにする場合の3形式があります。土間コンクリートの場合は木で床組をつくるのではなく，土間コンクリートの上に直接床材を敷いて生活します。20年前に北海道の外張断熱住宅で多く採用された形式ですが，気密が取りやすいという長所はあっても，かたい床が嫌われて，最近ではコンクリート内に温水を流して床暖房にする場合や，積極的に土間を楽しむ場合以外はみられなくなりました。

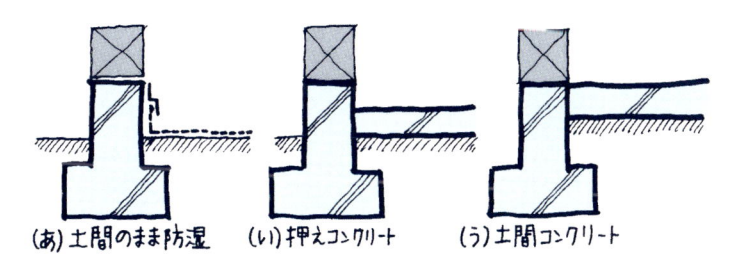

(あ) 土間のまま防湿　(い) 押えコンクリート　(う) 土間コンクリート

断熱の位置は，基礎の外側または内側の2種類があります。コンクリートという蓄熱体の外または内に断熱することになりますから，木造の基礎とはいっても断熱位置によって前者は外断熱，後者は内断熱となります。

どちらの方が断熱効果が高いのかは，外断熱の項目で勉強したように，外断熱の方が有利です。ではなぜ内断熱にするのかというと，白蟻の問題です。白蟻は断熱ボードの中，または断熱ボードと基礎の接触部分を蟻道にして土台まで移動することがあって，それを防ぐために内断熱にすることが指導されているのです。

滅多に白蟻が蟻道にすることはなく，外張断熱で土台や柱，そして床下が乾燥している状態の中で，白蟻が自由に走り回ることは考えにくいのですが，温暖地ではこうした措置がとられています。ベタ基礎にすれば白蟻が侵入する部分をコンクリートでガードすることができるので，基礎断熱＋土間コンクリートより防蟻効果は高くなります。

そこで住宅金融公庫の耐久性仕様，高耐久木造住宅，次世代省エネルギー基準では，北海道，青森県，岩手県，秋田県，宮城県，山形県，福島県，茨城県，栃木県，群馬県，新潟県，富山県，石川県，福井県，山梨県，長野県，岐阜県，滋賀県以外では，内断熱にすることが規定されています。

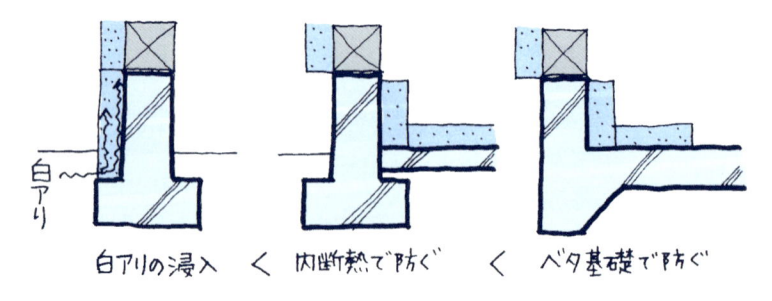

白アリの浸入　＜　内断熱で防ぐ　＜　ベタ基礎で防ぐ

②基礎断熱の熱は放物線を描いて逃げる

床下の恒温性についてはすでに述べましたが，床下の熱はどのように逃げていくのでしょうか。壁や天井のように水平，垂直というのではなく，図のように放物線を描いて逃げていくのが床下の特徴です。

床下の熱は，まず基礎面から逃げようとします。これが最短距離です。つぎに基礎を巻き込むように，そして床下中央に向かってどんど

ん放物線は大きくなっていきます。床下中央に近づくにしたがって，熱の逃げは時間がかかるということです。

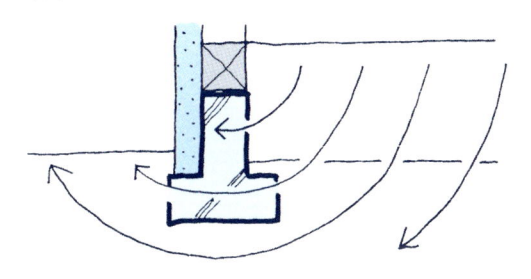

極端にいえば時間がかかるから夏になってもまだ冷えたまま，やっと温まる頃に冬になるといった具合です。地下深くになれば，この時間差が，夏・冬のサイクルを吸収して一年中同じ温度になってしまいます。

基礎付近は熱の移動が激しいのですが，床下中央は熱の移動が小さくなります。基礎で断熱する場合の断熱性の計算は，基礎周辺と床下中央部の二つに分けて計算することになっています。断熱材も基礎の立ち上がり部分の他は，基礎の周辺1m程度しかしない場合が多いのです。

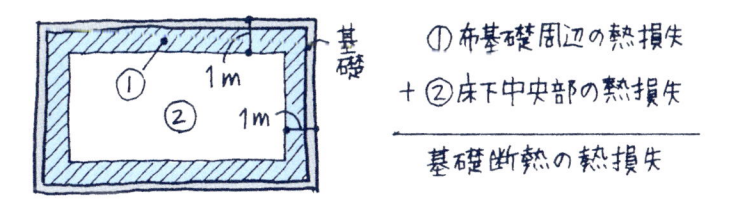

①布基礎周辺の熱損失
＋②床下中央部の熱損失
──────────────
基礎断熱の熱損失

この場合，断熱ボードは基礎や土間コンクリートに接着することになるのですが，接着剤が発散する化学物質が室内に放散することが考えられます。したがって，シックハウス対策として化学物質の放散が少ない接着剤にしなければなりません。断熱工法のメーカーでは，接着剤を指定したり推奨していますが，施工時のチェックが必要になります。

断熱工法には沢山の種類があって，それぞれが独自の仕様で断熱の形を決めていますので，基礎断熱でも土間全体を断熱する場合もあります。また，土間コンクリートの中に温水パイプを埋設して床暖房するような場合は，断熱材は土間全体に敷かれることになります。

　土間全体を断熱するか周辺だけにするかの判断は意見の分かれるところで，ここで判断を急ぐのではなく，もう少し基礎断熱の状態をみていきましょう。

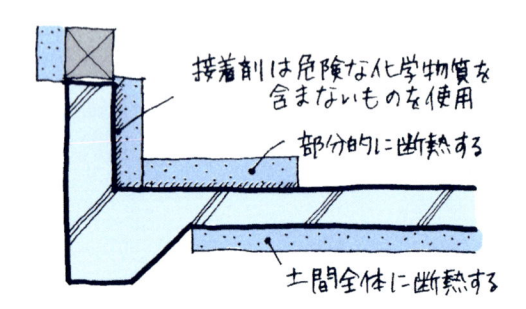

*接着剤は危険な化学物質を含まないものを使用*
*部分的に断熱する*
*土間全体に断熱する*

### ③基礎断熱と床断熱の断熱性能比較

　基礎断熱は土間の恒温性を利用することができるので，外気を換気孔から出入りさせてしまう床断熱に比べて，断熱の効率面で有利になります。因みに実験を基にしたシミュレーションによると，床下は完工したばかりの初年度はコンクリートが冷えていたり，水蒸気を含んでいたりで熱を多く奪われます。前述の岩前篤氏によれば，初年度は最大で家全体の2割の熱量が地盤に吸熱されるといっています。

　また，冬に完成した住宅の土間表面温度を測定してみると10℃程度です。外気温より高くて嬉しくなりますが，それでも暖房すれば土間に熱が奪われます。このことからわかるように，初年度は熱の損失が大きくなります。

　夏が来れば床下は室内の熱を奪って涼しさをつくるとともに，どんどん熱を蓄えます。そして，2年目の冬を迎える頃の土間の温度は18℃程度まで上昇していますから，2年目から床下は大きな湯たんぽ

(夏)
10℃ → 18℃
冬の土間の温度

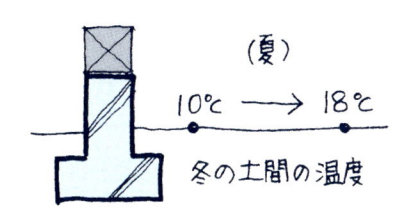

のような状態で，暖かい床下をつくってくれます。

因みに床断熱の場合と基礎断熱の場合の断熱性能についてシミュレーションしてみると，基礎断熱は床断熱した場合の半分の断熱厚みで十分な効果を発揮します。

これは初年度のはなしで，2年目以降はさらに熱損失が半減するので，床断熱の1/4の厚みでよいことになります。例えば，押出法ポリスチレンフォームあるいは硬質ウレタンフォーム25mm厚で基礎断熱した場合と，グラスウール200mm厚で床断熱した場合と同等の断熱性能ということができるのです。断熱コストを考えても，基礎断熱が有利だとわかります。

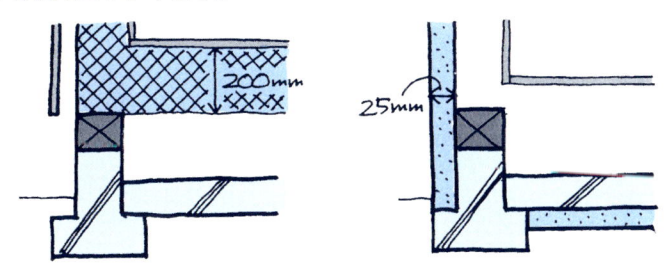

### 4 基礎断熱の床下は室内に取り込まれる

よく「床下を室内に取り込む」といったりしますが，これは基礎断熱にした場合の床下は外の扱いをする必要はなくて，室内の延長として考えればよい……という意味になります。

床下というブラックボックスをなくして，積極的に床下を室内に取り込むことは，床下を非暖房室の状態から開放することにもなり，結露対策としてどんどん有利なものになっていきます。理想は床下をつ

くらず，土間コンクリートに直接タイルを張って，おしゃれな土間の部屋をつくることです。しかし，少しタイルが冷たいからといってカーペットのようなものを載せておくと，夏にカーペットの下で結露することがあります。カーペットが断熱材になるのです。

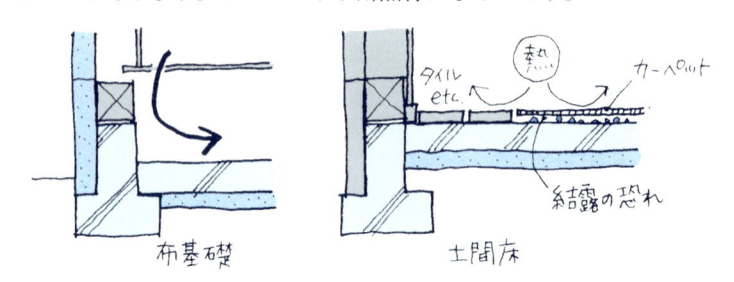

布基礎　　　　土間床

### 5 基礎断熱の方が，床下は乾燥する

基礎断熱をはじめて目にした人は，必ず「換気孔はないの？夏の湿気はないの？」と質問します。それほど日本人の遺伝子には，床下はジメジメするものと書き込まれているのです。これまで述べてきたように基礎断熱は外気が出入りしませんし，温度が安定しているので相対湿度はとても安定し，床断熱の場合に比べて乾燥するのです。

最近では色々な場所で実測調査が行われ，結果的に基礎断熱の方が床断熱より乾燥していることがわかっています。これは基礎断熱の方が床断熱より，冬も夏も温度が高いので乾燥するのです。ただ，コンクリートはすぐに乾きませんから，初年度はかなり床下湿度に影響を与えます。

岩前篤氏のレポートでは，コンクリート打設後は数ヶ月間床下湿度は上昇しますが，床下の換気量が10$m^3$/hほどあれば結露の危険性はかなり減少するといっています。

また，基礎断熱の床下では10$m^3$/h程度の自然換気があるという調査結果[※]もありますから，初年度でも基礎断熱が結露することは少なく，次年度からはコンクリートも乾燥して，床下はとても安定すると考えることができます。

それでも，住みはじめの頃はまだコンクリートが冷え切ったままの状態で，そのまま暖房がはじまると，コンクリートは初期の段階で結露することが考えられます。冬期に完成するような場合には，施工中に強制的に暖めることも必要です。よく，寒冷地では施工中にジェットバーナーで床下を暖めている様子をみることがあります。また，初年度の床下の湿気を居住者が床下に除湿器を置いて湿気を取っている姿もあります。
※本間義規岩手県立大学盛岡短期大学部講師の調査

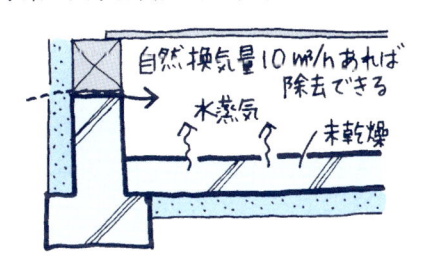

### 6 基礎断熱の防湿措置

　床断熱より基礎断熱の方が床下は乾燥すると聞いて，驚いた人が多いと思います。
　でも，それはしっかりした地面の防湿があってのことです。
　住宅金融公庫の耐久性仕様に示された基礎断熱の防湿措置の概要は以下のとおりで，床断熱の場合より厳しい対応を求めています。
（イ）床下全面に0.1mm以上の防湿フィルムを敷き詰め，重ね幅は300mm以上とり，防湿フィルム全面をコンクリートまたは乾燥した砂で押さえ，押さえの厚さは50mm以上とする。
（ロ）床下全面に厚さ100mm以上のコンクリートを打設し，その中央部にワイヤーメッシュを配する。
（ハ）布基礎と一体となった鉄筋コンクリート造のベタ基礎（厚さは100mm以上で防湿コンクリートを兼ねる）とする。
　ここでただし書きがあり，北海道，青森県，岩手県，秋田県，宮城

県，山形県，福島県，新潟県，富山県，石川県，福井県以外の地域は（ハ）のベタ基礎でなければならないと規定しています。基礎と土間コンクリートが連続したベタ基礎の高い防湿性能を温暖地に規定しているのです。

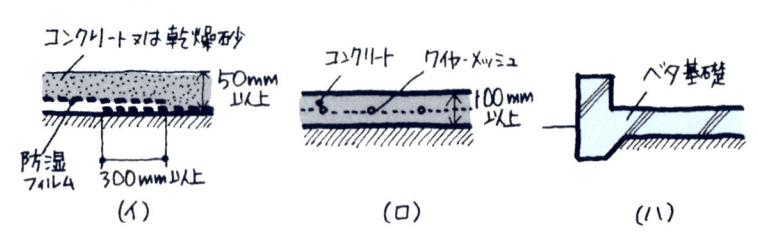

## 3. 地下室の結露

床下の結露についてかなりスペースを割きました。床下は壁や天井・屋根と違って地面からの水蒸気を受ける厳しい場所なので，余計にスペースを割いたわけです。

その床下と同じように，結露では厳しい環境になる地下室の結露についてはなしを進めてみましょう。地下室は一般戸建住宅ではオプション的な存在ですから，もし興味のない方は次章に進んでください。

### ①地下室の形態

地下室には3種類の形態があります。からぼり型，傾斜地型，無開口型の三つで，からぼり型は地下部分の一面以上に外気に面して開口をもつもので，そこから陽と風を取り込むことができます。傾斜地型

は傾斜地を利用して半分が地下に接するといった感じで，外気に対しては開放的にできます。一方，無開口型はすっぽり地下に埋め込んでしまうもので，外に対して完全に閉鎖です。

　日本では夏の高湿の問題などで，地下をもつことが一般的ではありませんでした。私も地下室の断熱についての経験がとても少ないので，筆者が確認している内容ではなしを進めることができません。そこで，地下室の結露については小椋大輔神戸大学工学部建設学科助手のレポート（建築技術別冊8「結露の完全防止マニュアル『地下室の結露は防げるか』」）を基に，はなしを進めていこうと思います。

### ②地下室の水

　地下室には地中からの水，地上居室からの水蒸気，外気から入り込む水蒸気があって，結露を考える場合にはそれらすべてを頭の中に入れておかなければなりません。

　地下室は温度が安定しているので夏涼しく冬暖かい利点がありますが，逆にその恒温性が夏型の結露を招きます。外気の変動より地下室の方が恒温性がある分だけ変動が遅れますから，夏に入っても地下室はまだ冷えている状態で，そこに高温高湿な外気が入ってくると結露が起こります。

　これを防ぐには当たり前のことですが，イ）地下室壁の温度を上げること，ロ）地下室の湿度を下げること，の二つを考慮しなければなりません。この二つを実現するために，防水，断熱，吸湿，暖房，換気，除湿の各項目で対策することになります。

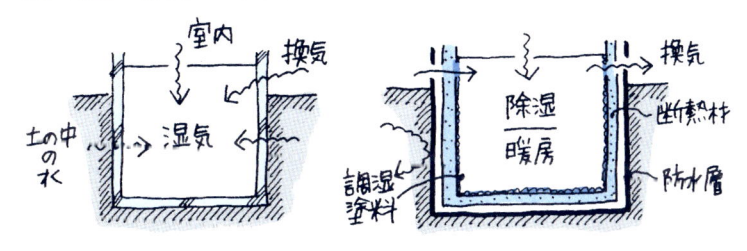

● まず防水ですが，壁の防水性がない場合には，壁を透過した水分が地下室内の絶対湿度を高めてしまいます。地下室の防水は一般的に，二重壁型で内側で防水するものと外防水型の2種類があります。これら二つはコンクリート造の場合で，戸建住宅では鉄鋼パネルの地下室もあります。外防水，鉄鋼パネルの場合は高い耐水性が期待できますが，二重壁型は中空層で漏水を食い止めますが，室内への湿気の透過を防ぐことにならないので，注意が必要です。

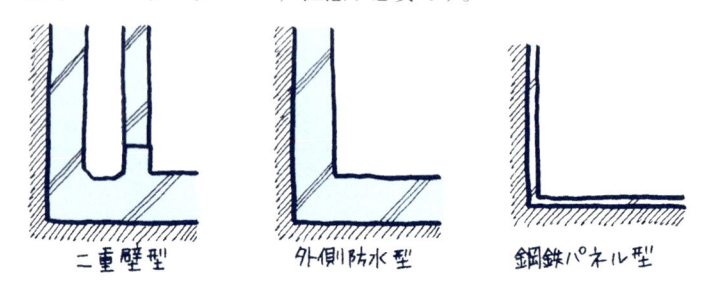

二重壁型　　　外側防水型　　　鋼鉄パネル型

● 断熱では，透湿抵抗の高い発泡プラスチック系が使われますが，地下室内を暖房しない場合（自然状態）には室内温度は周辺の地盤温度と変わりません。つまり，断熱効果は発揮できないのです。しかし，室内で発熱があった場合には，すぐに温度を上げる大きな効力を発揮します。

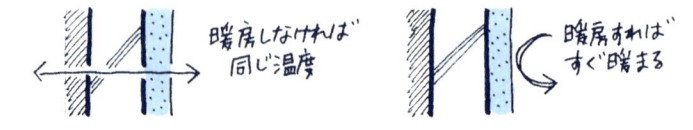

暖房しなければ同じ温度　　　暖房すればすぐ暖まる

● 吸湿では，内装材に吸湿性をもたせて瞬間的な結露を防ぐことが求められます。

　防湿性のある仕上げをすると，地下室内に浸入した外気が触れた場合に吸湿しないので，結露することがあります。外断熱にしてコンクリートが剥き出しの状態の方が，吸放湿が可能になって結露を防ぐのに有利です。しかし，コンクリートが打設後半年くらいは未乾燥の状態であり，その間は地下室内に水蒸気が放出されることになります。

これを防ぐためには積極的な換気と除湿が有効ですが、夏や雨の日のように多湿な外気を換気で流入させることは、逆に室内の相対湿度を高めることになるので避けなければなりません。したがって、換気によって外気を導入する場合は、あらかじめ除湿してから取り入れることが効果的になります。

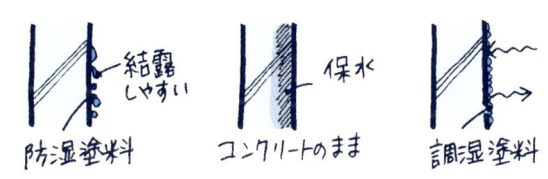

●冬に暖房した地下室は、夏までその温度が残って夏型結露を防ぐ働きをします。したがって、冬に暖房して使用している地下室は結露に対して安全になりますが、収納庫のような使い方をする地下室は暖房も冷房もしませんし、居室からの空気の流れもほとんどないので結露が起きやすくなります。こういう使い方をする地下室は夏には外気を入れないで、除湿器を運転しなければなりません。地下室はよく使うほど結露の点では安全になり、使用しなければ危険になるのです。

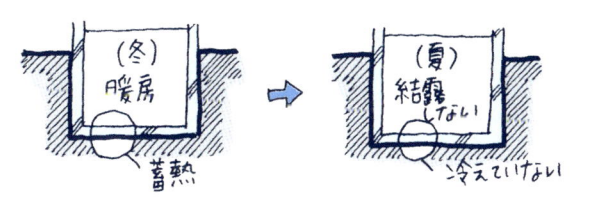

## column
# 白蟻

　家を食害するので問題になる白蟻には、日本原産のヤマトシロアリと台湾からきたイエシロアリがあります。ヤマトシロアリは寒さに強いので、北は北海道まで全国に生息していますが、イエシロアリは南国生まれなので寒さに弱く、ほぼ関東以西にしか生息していません。

　どちらが獰猛かというと圧倒的にイエシロアリで、口にバケツをもっていて、そのバケツで水を運んで対象の木材を濡らしながら進んでいくことができるので、壁から小屋裏まで登って食害することがあります。ヤマトシロアリにはこのバケツがありませんから、濡れた木を渡り歩きますので行動範囲は限定されます。

　シロアリは落ち葉や枯れ枝の掃除役として地下帝国を築いていますが、家の中に侵入し、木を食害することがあります。

```
┌─ヤマトシロアリ─┐   ┌─イエシロアリ──┐
│ 日本原産      │   │ 台湾原産      │
│ 日本全国に棲息  │   │ 関東以西に棲息  │
│ 被害・小      │   │ 被害・大      │
└──────────┘   └──────────┘
```

　シロアリは地下に生息するので目をもたず、嗅覚が鋭いので木材腐朽菌のニオイに引き寄せられて濡れた木に近づくことがあります。ヤマトシロアリは6℃で活動をはじめ、12℃を超えると活発になり、最適温度は28℃、イエシロアリは30℃くらいが常温で、冬の間は巣の中でじっとしていますが冬眠しません。湿度80%以下では活動が鈍り、40%以下になると息も絶え絶えになるといいます。

　したがって、シロアリ対策の基本は床下を乾燥状態にしておく

ことと、木材を濡らさないということになります。

　日本では布基礎になっても、まだ床下の防湿措置に無関心であり続けました。そこで防蟻剤頼りの状態を続けてきたのです、しかし、その防蟻剤から危険なガスが発散していてシックハウスの要因になっていることから、防蟻剤クロルピリホスの使用を禁止する処置が法制化されることになりました（いわゆるシックハウス法で2003年から施行されています）。いずれシックハウス対策は家づくりの大前提ですから、基礎断熱のように床下を室内に取り込む場合には防蟻剤の使用は止めなければなりません。

　今では地面の防湿が当たり前になって床下は乾燥状態を保てるようになりましたが、それでも外壁などからの雨漏り、浴室の漏水、水道管からの漏れなど、結露以外の水の侵入がゼロとは限りません。だったらやはり防蟻剤が必要なのかと考えてしまうところですが、そうではなく、漏水したり、シロアリが巣をつくったり、食害したら直ぐにそれを見つけ、速やかに措置することを検討するべきです。

そこで思いだすのが、昔の民家です。民家は木材の骨組みがすべて見えていました。それなので、いつも木の状態や雨漏りの状況を把握することができました。例えシロアリが食害してもすぐに見つけられる状態でした。また、こうしたすべてが表しの状態であるということは、熱も隅々まで回っているということで、家の中に温度差をつくらず結露の面でも安全になります。今の家は何もかも汚い部分を隠してしまいます。隠せば隠すほど、結露そしてシロアリの危険性を深めることになるのです。

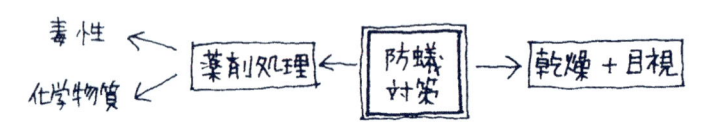

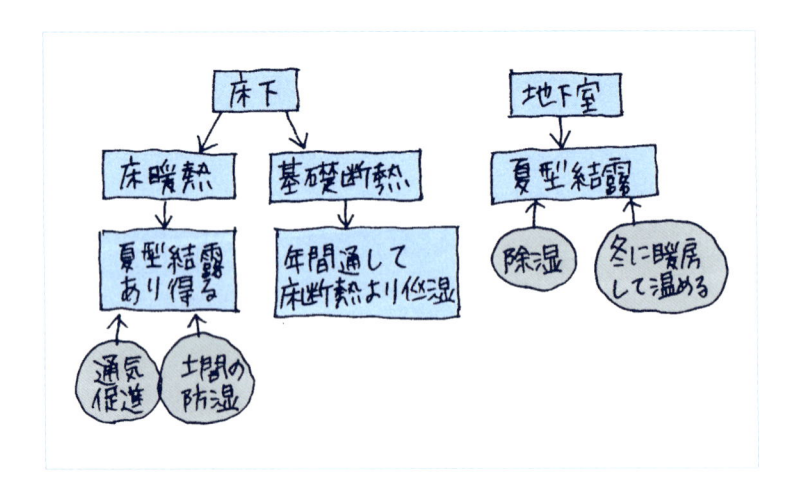

毒性 ← 薬剤処理 ← 防蟻対策 → 乾燥＋目視
化学物質 ←

床下 → 床暖熱 → 夏型結露あり得る ← 通気促進／土間の防湿
床下 → 基礎断熱 → 年間通して床断熱より低湿
地下室 → 夏型結露 → 除湿／冬に暖房して温める

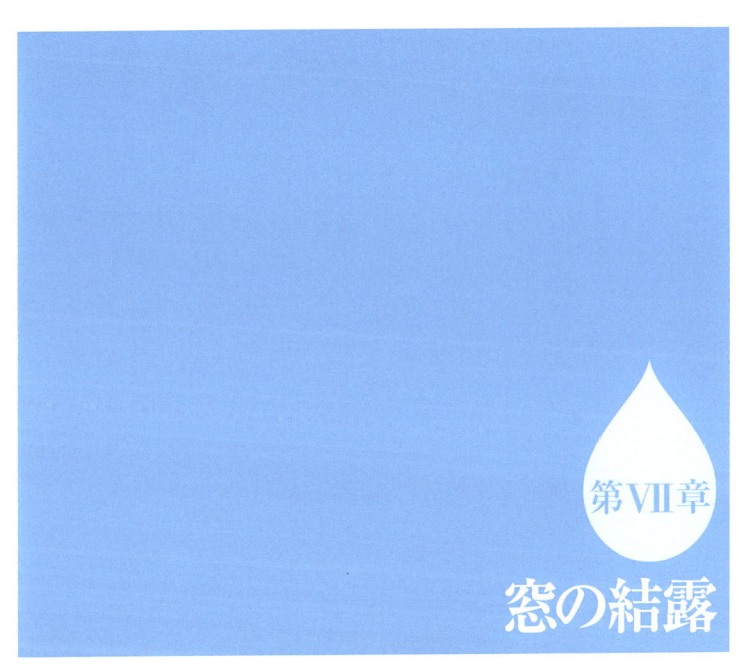

第VII章

窓の結露

## 1. 日本の窓は除湿器

　日本の窓の性能は低くて，今でもアルミサッシ＋1枚ガラス（単板ガラスとかシングルガラスといいます）の世界です。ガラス1枚では結露が起こって当たり前です。ガラスよりアルミの方が熱を伝えやすいので，サッシの方がガラスより先に結露します。どっちが先に結露するかはどうでもいいことなんですね。とにかく日本の家の窓は，性能が低くて結露して当たり前なのです。前述したように，窓の結露がなくなると，つぎに冷えている部分に結露が移動します。それが押入ですから，どっちがいいかというと窓で結露した方が安全という見方もありますので，窓と結露はつきもので，考えようによっては「日本の窓は除湿器」と呼んでも可笑しくないのです。

## 2. 窓の断熱・気密性能

　窓と一言でいいますが，窓はガラスとサッシ（枠）で構成されていて，窓の断熱・気密性能はガラスとサッシが組み合わされた状態でい

わなければなりません。窓からどれほどの熱が逃げるか……という計算では，こうした窓の総合的な断熱性能が必要になります。でも，結露という観点では，ガラスとサッシは別々で考えなければなりません。どちらにも結露させてはいけないからです。

### 1 断熱ガラス

　ガラス1枚の断熱性能はグラスウールに換算すると，たったの7，8mm厚分しかありません。この1枚のガラスを2枚にすると断熱性能は倍になります。2枚のガラスが乾燥空気を挟んで気密にくっつけられたガラスをペアガラスといいます。空気層は6mmと12mmのものがありますが，12mmの方が断熱性は高く，一般に使われるペアガラスは12mmと考えていいでしょう。

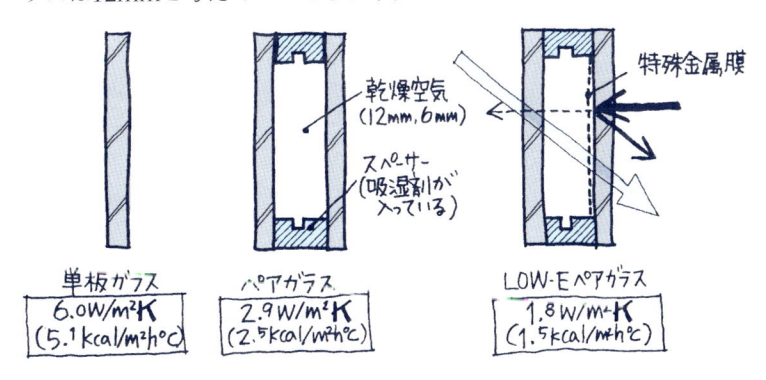

単板ガラス　6.0W/m²K（5.1kcal/m²h℃）
ペアガラス　2.9W/m²K（2.5kcal/m²h℃）
LOW-Eペアガラス　1.8W/m²K（1.5kcal/m²h℃）
乾燥空気（12mm, 6mm）
スペーサー（吸湿剤が入っている）
特殊金属膜

　断熱性能が倍になったといっても，まだグラスウール15mm厚分くらいしかなく，グラスウール100mm厚が入った窓に比べれば7，8倍も熱を逃がしてしまいます。それでも寒冷地を除けば，日本では結露を防ぐことができるレベルです。

　寒冷地ではどうすればよいかというと，2枚のガラスをさらに3枚にすると断熱性能は4割ほど向上します。3枚になるとトリプルガラスといいますが，北欧ではまだトリプルガラスがあります。まだ……といいましたが，このトリプルガラスは重いので敬遠され，今ではペ

アガラスのままで断熱性能を向上させたものが開発されています。

このガラスはLow-Eペアガラスといいます。ペアガラスの片方のガラスに，熱線を選択する特殊金属膜がコーティングしてあります。熱線には太陽熱の波長もあれば，室内で発生した熱の波長もあります。ガラスが太陽熱を透過させて取り入れれば，部屋の中は暖かくなりますし，室内の熱はガラス面で室内に跳ね返せば熱損失を防ぐことができます。熱線選択膜はこんな仕事をして温室効果をつくり，断熱性能を向上させてしまうのです。断熱性能はトリプルガラスと同等になります。

このLow-Eペアガラスなら寒冷地でも結露させずに済むレベルですが，極寒地用にはさらに断熱性能を向上させたハイパフォーマンスガラスがあります。

このガラスはLow-Eペアガラスの中空層の中に，空気ではなく特殊ガスを封じ込めてさらに断熱性能を向上させたものです。ここまでくると断熱性能はペアガラスの倍になります。1枚ガラスの4倍の性能があるということです。

日本では1枚ガラスが多くて，ペアガラスにしただけで「すごい！」なんていわれてしまう状況ですが，高断熱・高気密分野ではペアガラスからLow-Eペアガラスに移行しはじめています。海外からの輸入サッシには，ハイパフォーマンスガラスが搭載されていることが珍しくありません。海外ではガラスのコストがとても安い，という現実が反映されています。

ここで面白いガラスを紹介します。ペアガラスの中空層を真空状態にした真空ペアガラスです。真空状態では伝導と対流による熱の移動を無くすことができるので，断熱性能はとても高くなります。わずか0.2mmの真空層で高い断熱性能をつくります。頭が痛いのはコストが高いことですが，このガラスはガラスの断熱改修を目標につくられています。1枚ガラスは一般的には3mm程度の厚みで，サッシは

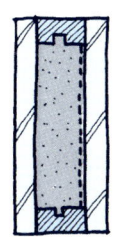

ハイパフォーマンスガラス　　　　真空ペアガラス
（LOW-Eペアガラス+特殊ガス）　（スペーシア・日本板硝子）
　　　3+A12+3　　　　　　　　　3+0.2+3
　　1.4W/m²K　　　　　　　　　1.5W/m²K
　(1.2kcal/m²h℃)　　　　　　(1.3kcal/m²h℃)

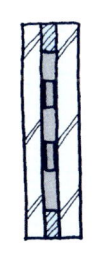

6mm程度まではめられるようになっています。したがって，たった6mm厚程度でLow-Eペアガラス以上の断熱性能を発揮する真空ペアガラスは，既存サッシのままでガラスの断熱改修を可能にするのです。

　真空ペアガラスにすれば，ガラスの結露から開放されます。しかし，サッシの結露はそのままです。

② 断熱サッシ

　ガラスが断熱されたら，サッシも断熱しなければなりません。断熱サッシと一言でいわれていますが，気密性も高くなければ意味がありません。正確には断熱・気密サッシと呼ぶべきです。

　断熱サッシといえばプラスチックサッシ（PVC）や木製サッシを思い浮かべますが，アルミサッシでも断熱化したものがあります。金属熱遮断サッシ（通称は断熱アルミ）と呼んでいますが，アルミサッシの内と外を断熱ゴムなどで熱絶縁させて結露させないようにしたものです。また，室内側がプラスチックで外側がアルミの複合タイプもあります。断熱性能は素材によって違いますが，面積がとても小さいので熱損失の観点では差はつきません。結露，そして気密という点では差があって，断熱アルミは温暖地を対象にしています。

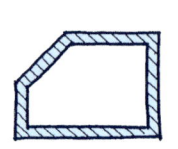

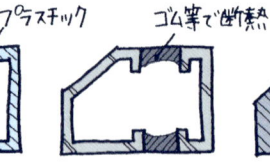

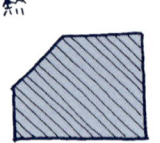

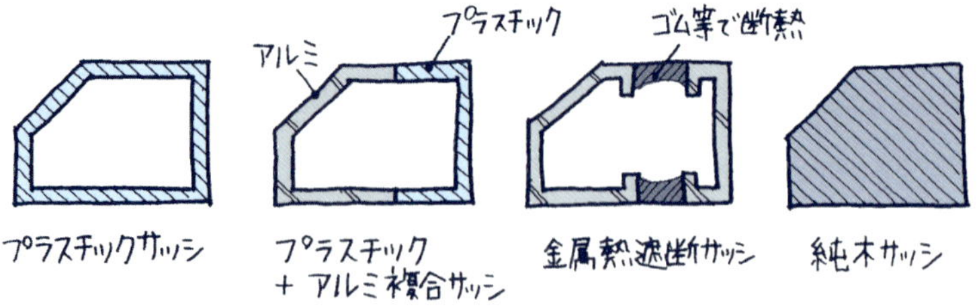

| 建具の仕様 | ガラスの仕様 | 窓の熱貫流率 | |
|---|---|---|---|
| | | W/m²K | Kcal/m²h℃ |
| 木製又はプラスティック | LOW-Eペアガラス（A12） | 2.33 | 2.0 |
| | ペアガラス（A12） | 2.91 | 2.5 |
| アルミ＋プラスティック | LOW-Eペアガラス（A12） | 2.33 | 2.0 |
| 複合 | ペアガラス（A12） | 2.49 | 3.0 |
| 金属熱遮断 | LOW-Eペアガラス（A12） | 2.91 | 2.5 |
| | ペアガラス（A12） | 3.49 | 3.0 |
| アルミ | ペアガラス（A6） | 4.65 | 4.0 |
| | 単板 | 6.51 | 5.6 |

③ カーテンを閉めると余計に結露

　窓はそれだけで存在することはありません。カーテンや障子などがつけられて，開と閉の矛盾をなくすことができます。こうしたカーテンや障子が，窓の断熱性能を向上させます。大雑把にいうと，以下のようなレベルアップになります。

（イ）単板ガラスでもカーテンまたは障子を閉めると，ペアガラス並の断熱性能に向上し，襖だとさらに2割程度向上します。ただし，この場合のカーテンは上下の気密性を確保するために，上はカーテンボックス付き・下は床にくっつく状態で，さらにレース付きの二重カーテンの場合です。

（ロ）ペアガラスにカーテンボックス付きの二重カーテンまたは障子を閉めると，3割程度断熱性能が向上します。また，襖だとLow-Eペアガラス並の断熱性能になります。

（ハ）内付けブラインドには断熱効果はありません。

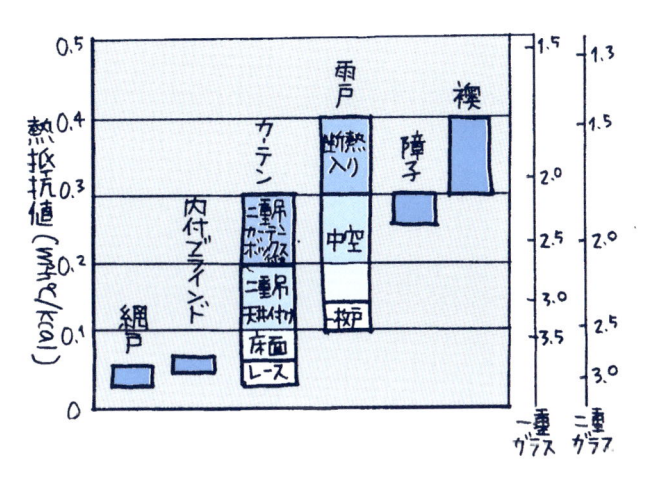

以上のように、カーテンや障子は窓の断熱性能を向上させますから、窓の結露対策として有効に働くと思われますが、実はそうではないのです。

カーテンを閉めた方がガラスの結露が激しくなる……、という経験をしたことはありませんか。そうなんです。カーテンの断熱性能が結露を助長させているのです。

ここまで結露を勉強してくると、その理由が思い浮かぶと思います。第Ⅱ章表面結露でおはなしした箪笥と同じ状況を、カーテンや障子がつくってしまうのです。箪笥は断熱材になって、箪笥の裏の壁に熱を与えず冷やしてしまいます。そこに室内の水蒸気だけが回り込ん

でいけば結露します。ここでは、カーテンや障子が箪笥と同じ状態になっています。

この状況をシミュレーションしてみると、次のことがわかります。

窓はプラスチックサッシとLow-Eガラスの引違いとし、（イ）それ単体の場合、（ロ）それに障子を付けた場合、（ハ）さらに外側に断熱シャッター（鋼製の断熱なし）を付けた場合の三つのケースを想定し、温暖地（外気0℃の地域）と寒冷地（同−10℃）の両方で結露の発生をチェックします。

冬の室内を20℃・相対湿度40%と設定します。この状態は断熱・気密性能が高くて、やわらかな暖房で快適に過ごしている状態で、寒い家でガンガンストーブを燃やしている状態ではありません。

まず、窓だけの場合（イ）はガラスもサッシも6℃を上回っているので結露しません。さすがに断熱サッシと断熱ガラスだけのことはあるといった状態です。

つぎに窓に障子を加えます（ロ）。すると温暖地ではガラスの部分がギリギリの状態になります。寒冷地ではガラス、サッシの枠（框）

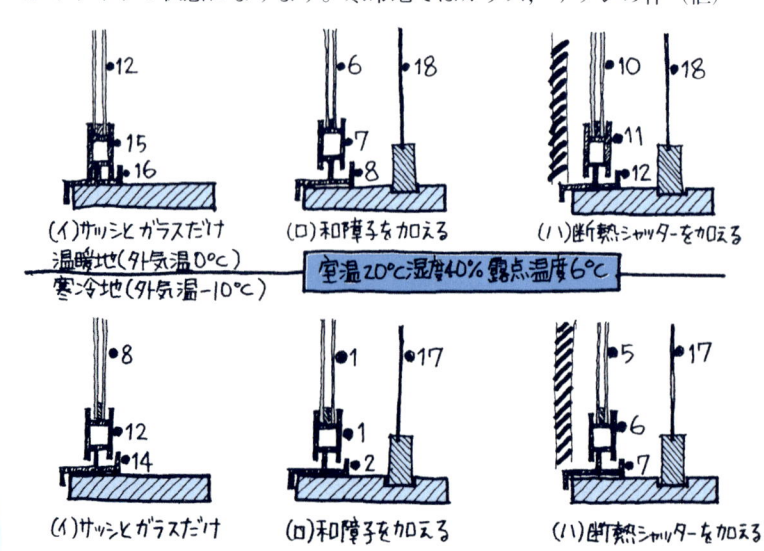

も窓枠も露点以下になって,結露がはじまります。障子を付けると結露してしまうことがわかります。

それでは,障子を付けない方がいいのかというとそうではありません。断熱性能は向上していますから,窓辺の寒さ対策として障子は重要ですし,プライバシーのためにもなくてはならないものです。カーテンに変えたところで,同じように結露は発生します。何とかして結露を防ぐ方法を考えなければなりません。

そこで,窓の外に雨戸を付けてみます(ハ)。何も断熱性のない普通の鋼板製の雨戸です。

するとサッシもガラスも温度が上昇しました。寒冷地では結露ギリギリのところですが,それでもかなり改善できます※。

この他の対策としてよく実践されているのが,障子の上下に通気孔をつけて室内の空気を回すようにすることです。熱損失は少し発生しますが,この方法が窓の機能をスマートに解決する方法として最も優れています。

窓の下に暖房を置くという手法もありますが,すべての窓の下に暖房器を置くことはできません。居住者が随時障子やカーテンを開けるという提案もありますが,結露した場合と考えた方がよいでしょう。

※建築技術別冊8「結露の完全防止マニュアル」木寸康『開口部まわりの結露と対策』

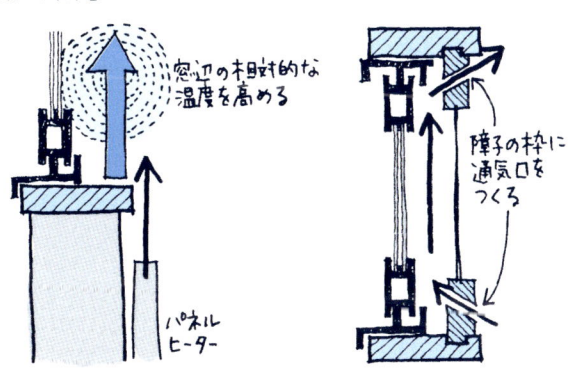

窓は断熱の弱点部

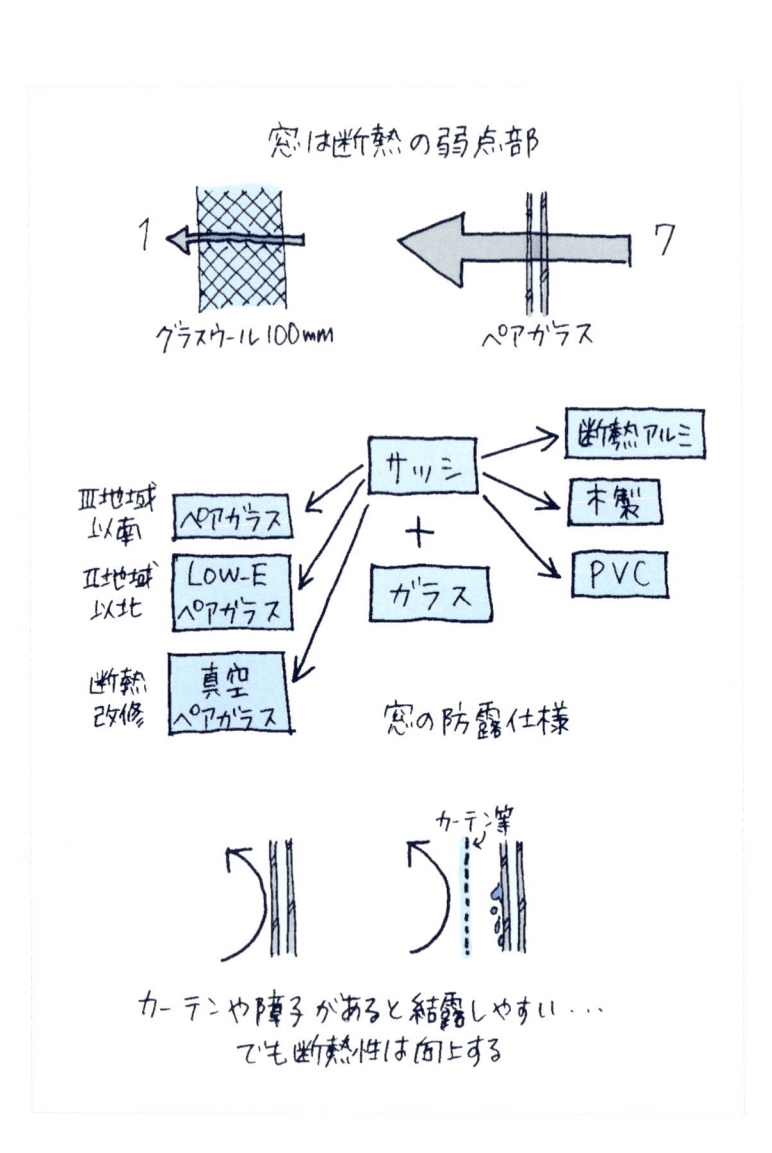

グラスウール100mm　1

ペアガラス　7

サッシ ＋ ガラス

→ 断熱アルミ
→ 木製
→ PVC

Ⅲ地域以南：ペアガラス
Ⅱ地域以北：Low-Eペアガラス
断熱改修：真空ペアガラス

窓の防露仕様

カーテン等

カーテンや障子があると結露しやすい…
でも断熱性は向上する

# 第VIII章

## 気密施工

結露と気密の関係が深いことは，これまでの話で理解できたと思います。この章では気密施工について紹介しますが，木造だけを取り上げます。

## 1. 気密施工の変遷

　図Aは旧省エネ基準施工マニュアルで指導されているものですが，

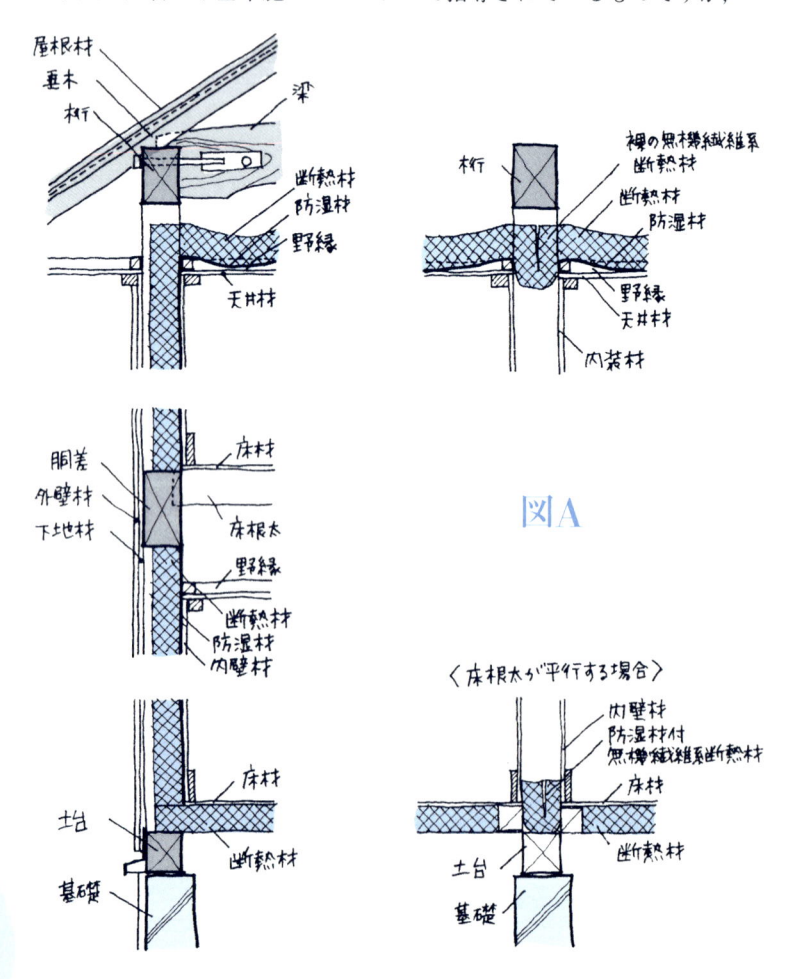

図A

気密化の意識はありません。図Bは次世代省エネ基準と，新省エネ基準の気密型住宅の気密施工です。新省エネ基準から気密という言葉が登場しましたが，規定されたのは寒冷地だけでした。温暖地では気密型でなくてもよいのですが，気密型にすると断熱厚みを減らすことができます。気密の概念が出てきただけ発展したのですが，まだまだそのレベルでした。

　平成11年に施行された次世代省エネ基準では，沖縄まで気密施工が義務化されています。これは冷房のケースも考えてのことです。

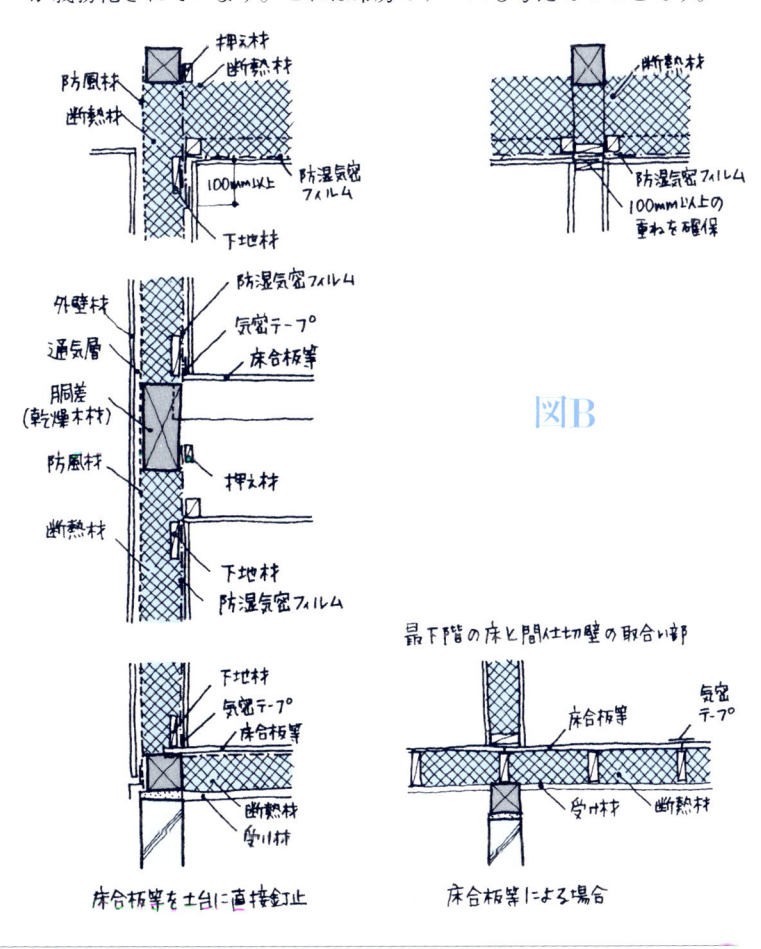

図B

旧〜新〜次世代までの気密施工の変化をみると，随分違ったものにみえます。気密になれば壁の中に水蒸気が入りにくくなって，内部結露防止として大きな効果をみせます。気密をむやみに高くする必要はありませんが，高ければ高いほど安全になるということも事実です。

## 2. 簡単な外張断熱の気密施工

　気密施工では外張断熱に比べて，充填断熱の方がむずかしくなります。その理由は，気密層が室内側にあって，障害物で一杯だからです。これに対して外張断熱は躯体の外側に断熱ボードを張っていくだけなので，とても楽になります。気密は防湿層の部分で行うのですが，その防湿層は梁や母屋などによって行く手を阻まれます。また，コンセントやダウンライトまわりのように，気密化するのが面倒な部分が沢山出てきます。

　外張断熱は気密層が躯体の外側にあるので，コンセントボックスも水道管やガス管も気密層の内側にあるので，何も考えなくて済みます。電線や配管が断熱ボードを貫通する部分で，その周辺部をコーキングや発泡ウレタンで気密化するだけで施工することができます。

## 3. 次世代省エネ基準の気密施工

　図Cは次世代省エネ基準に示された気密施工の注意点です。これまで結露を勉強してきましたので，この注意事項が何を意味しているのか理解できると思います。

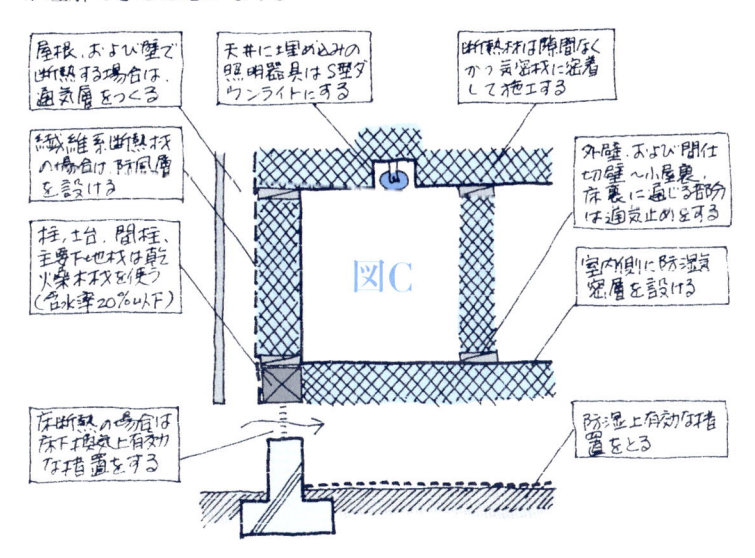

**図C**（手描き図中の注記）
- 屋根，および壁で断熱する場合は，通気層をつくる
- 繊維系断熱材の場合は，防風層を設ける
- 柱，土台，間柱，主要下地材は乾燥木材を使う（含水率20%以下）
- 天井に埋め込みの照明器具はS型ダウンライトにする
- 断熱材は隙間なくかつ気密材に密着して施工する
- 外壁，および間仕切壁へ小屋裏，床裏に通じる部分は通気止めをする
- 室内側に防湿気密層を設ける
- 床断熱の場合は床下換気上有効な措置をする
- 防湿上有効な措置をとる

　図Dは同じく次世代省エネ基準の外張断熱の場合です。発泡プラスティック系断熱ボードの目地をどうするかだけが気密施工上のポイントです。外張断熱で一番面倒な部分は壁と屋根との取合いの部分で，ここは現場発泡で対処します。

　このように外張断熱の場合は，とてもシンプルで簡単になることがわかります。だからといって，充填断熱は気密性が低いということではありません。充填断熱でも高い気密性をだす業者も沢山います。

　気密施工の詳細については，住宅金融公庫の仕様書に掲載されている次世代省エネルギー基準の指導要領を十分に実践すればよいと思います。また，こうした気密性が確認されているオリジナル工法が沢山あります。これらは①次世代省エネ基準の型式認定を取得しているも

の，あるいは②性能表示の断熱・気密の項目で最高レベルのレベル4（次世代省エネルギー基準）の型式認定を取得している工法があります。それらを採用することも安心を得る方法です。

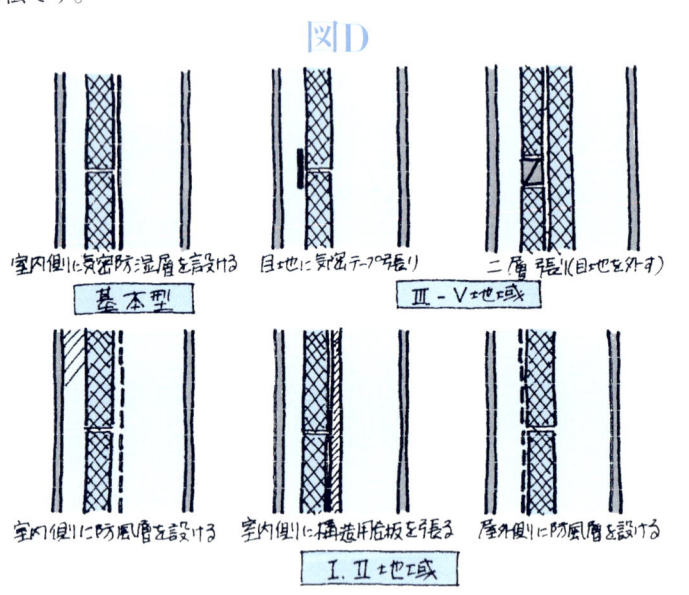

図D

室内側に気密防湿層を設ける　目地に気密テープを貼り　二層張り(目地を外す)
基本型　　　　　　　　　Ⅲ-Ⅴ地域

室内側に防風層を設ける　室内側に構造用合板を張る　屋外側に防風層を設ける
　　　　　　　　　　　　Ⅰ・Ⅱ地域

## 4. 気密測定

　住宅の実際の気密性は，現場で測定してみなければわかりません。気密測定は気密測定器を室内にセットして，ファンで室内の空気を強制的に排気します。排気すれば室内にはマイナスの圧力（負圧）がかかります。すると隙間から外の空気が入ってきますが，気密性が低ければどんどん入ってきますし，気密が高ければ圧力がかかっても少ししか入ってきません。その排気量と圧力差から相当隙間面積を割り出します。

相当隙間面積は1mmHg＝ほぼ10Pa（パスカル）の圧力がかかったの時の床面積当たりの隙間量を表しますが、10パスカルというのは風速にすると5～6m/秒程度の風がある時を想定しています。何だかとてもむずかしそうですが、いずれ気密測定をすると相当隙間面積が計算され、プリントされて出てきます。その数値で気密判定をしてください。

どの程度の数値がでればよいのかというと、次世代レベル省エネでは寒冷地で$2cm^2/m^2$以下、温暖地だと$5cm^2/m^2$以下と規定されています。しかし、これは防露を考えての最低レベルであり、一般的には$2cm^2/m^2$以下を高気密と呼び、換気のことも考えれば$1cm^2/m^2$以下が推奨されると考えればよいと思います。

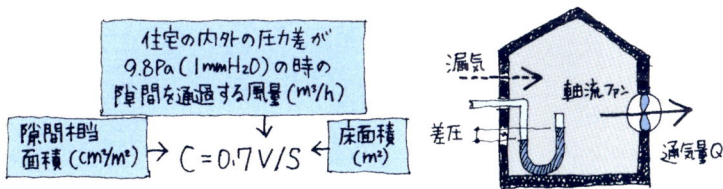

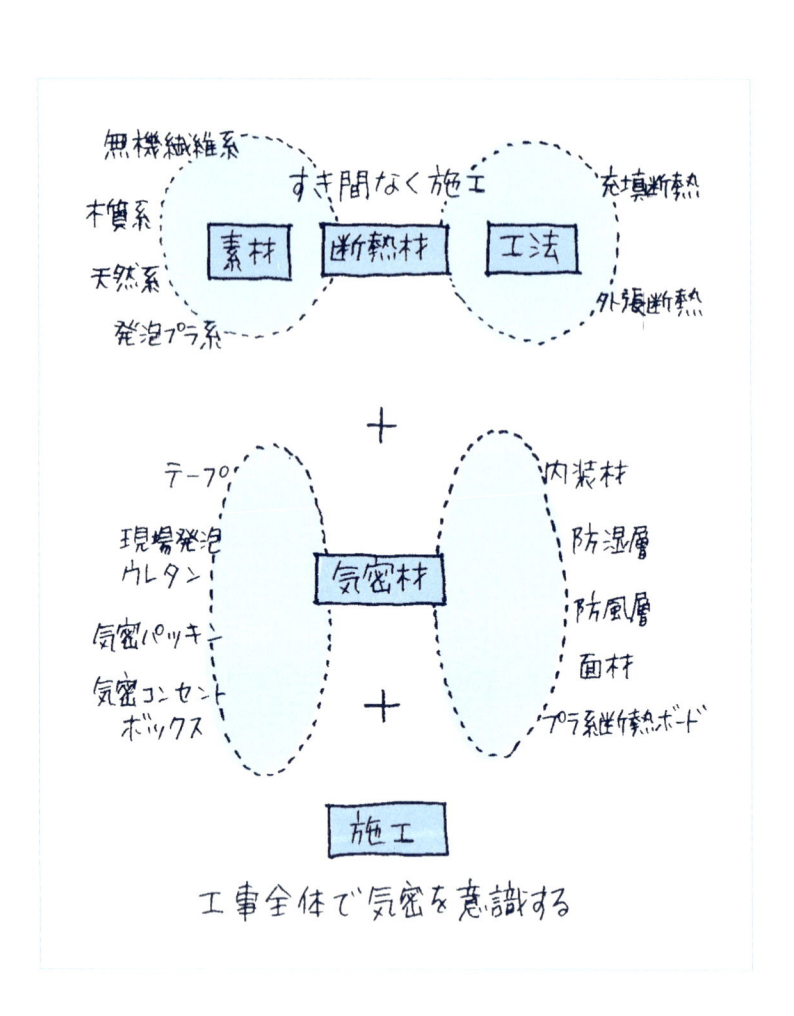

素材（無機繊維系／木質系／天然系／発泡プラ系）＋ 断熱材 ＋ 工法（充填断熱／外張断熱）… すき間なく施工

＋

気密材（テープ／現場発泡ウレタン／気密パッキン／気密コンセントボックス ＋ 内装材／防湿層／防風層／面材／プラ系断熱ボード）

＋

施工

工事全体で気密を意識する

# 第IX章 換気計画

換気は健康な室内空気環境をつくる最も重要な行為ですが，結露の点でも室内で発生した水蒸気を外に排出するという，重要な役目を担っています。

換気に関して詳しく書いていけば一冊の本になってしまいますので，ここでは概要だけを紹介します。

# 1. 換気の定義

換気の定義は，「常時，出入り口を明確にして，必要な量の新鮮空気を取り入れ，汚れた空気を排出する」ことです。

家の中に必要な量の外気が，静かに，設定した入口（主に主寝室）から入って，廊下を経て，リビングやダイニングを経て，一番の汚れ（汚染，臭い，水蒸気）が出る台所，便所，浴室，収納などから出ていく状態です。

このようにいうと，「そんな面倒なこと考えないで隙間風に任せておけばいいじゃないか，今の家は気密が高くなったから換気なんか必要になったんだ……」といって，反発する人が少なくありません。前にはなしたように，最近の住宅の気密性は隙間風で十分というわけにはいかないくらい高くなっています。そこで，建築基準法改正に伴い，シックハウスに関する法律（いわゆるシックハウス法）が施行され（2003年7月），日本の住宅はほんの一部の超がつくほど隙間だらけの家を除いて，機械的な換気が義務付けられています。

気密になるから換気が必要になるのですが，その換気を正確にしよ

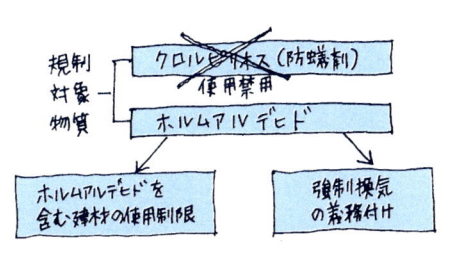

うと思えば，今度は建物の気密が必要になってきます。頭の中がぐらついてしまうようなはなしですが，出入り口を明確にして必要な量の換気をするためには，建物が気密でなければ実現できないのです。隙間だらけではトイレで引っ張っても，隙間から入ってきてしまって，目標にしている寝室から入ってきません。隙間が多ければ風が強い日には，換気量は大幅に増えてしまって熱損失になります。

換気計画を正確にさせようとすれば，高い気密性が必要なのです。そのレベルとは相当隙間面積で$2cm^2/m^2$以下が必要で，$1cm^2/m^2$以下が推奨されます。

気密性が高いということは，結露の点でも換気の点でも安全性を高める行為だ，ということだけは理解してほしいと思います。

## 2. 熱交換型と排気型

トイレや浴室などの壁に小さな換気扇がついていて，必要な時だけ運転する状態が一般的ですが，これは局所換気といって，家全体の換気を考慮したものではありません。家全体の換気を前提にしたものはセントラル換気と呼ばれますが，現状で実践されているセントラル換気には熱交換換気と排気型換気があります。

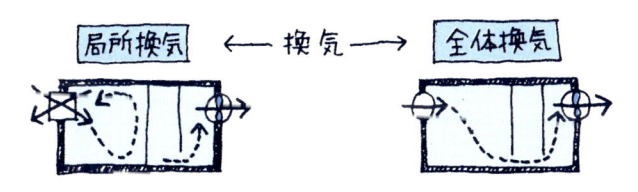

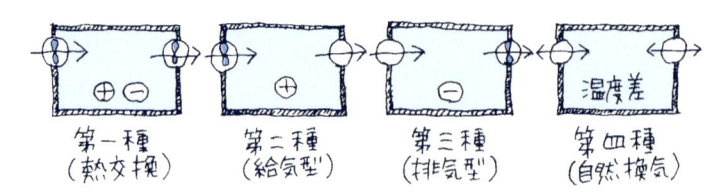

熱交換換気というのは冬ならば室内の暖気を排出する時に，外の冷気と熱交換させながら取り入れるものです。したがって，冷えた外気を少しは暖めてから取り入れます。

これに対して，排気型は排気だけ機械的に行い，給気は自然給気口から圧力差によって取り込もうというもので，外の冷気が直接入ってきます。こんな書き方をすると，排気型は寒くてしかたないのでは……と，思ってしまう人がいても不思議ではありません。換気というのはそれほど大きなものではないので，せっかく暖めた部屋を冷やしてしまうようなことはありません。高断熱・高気密の分野では，熱交換換気より排気型換気の方が多く使われています。

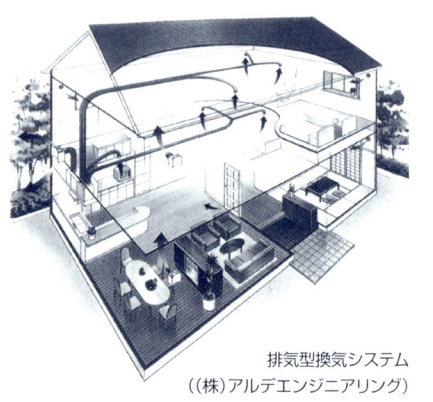

熱交換換気にはなしを戻しますが，熱交換には顕熱交換と全熱交換という2種類のタイプがあります。顕熱交換は温度だけを交換し，全熱交換は湿気も交換します。

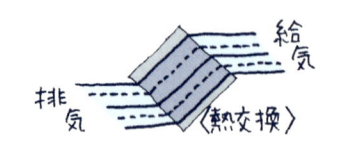

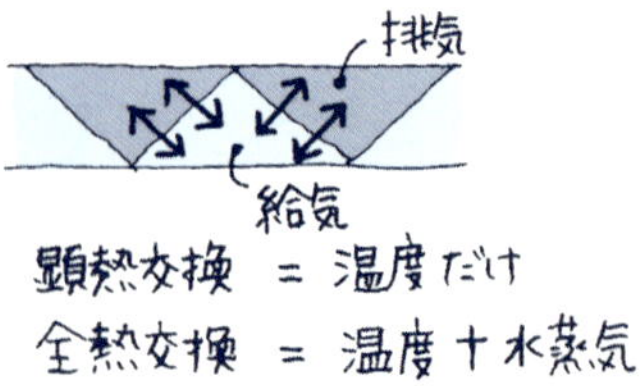

# 3. 換気は過乾燥を招く

　ここで問題です。顕熱交換と全熱交換のどちらが結露防止になるのでしょうか。

　もちろん答えは顕熱交換で、室内に発生した水蒸気を排出してくれた方がいいに決まっているのです。ところが実際には、顕熱交換より全熱交換の方が多く採用されているのです。なぜなのでしょうか。

　第Ⅱ章の表面結露を思い出してほしいのですが、実は全室暖房をした場合に室内は相対湿度が上がるどころか過乾燥状態になるといいました。全熱交換は室内の湿気も半分くらいは交換して戻しますから、この過乾燥対策になるのです。また、夏は外の猛烈な湿気が室内に入るのを半減させることができて、この場合もよい具合に働きます。

　これまで結露を防ぐには「室内で水蒸気をつくるな、水蒸気を排出しろ……」といってきたのですが、全室暖房という住宅本来の状態を前提にした場合には、むしろ換気は過乾燥を招く行為になってしまうのです。顕熱交換で室内の水蒸気を捨てるより、全熱交換で水蒸気を戻す……。熱交換換気の場合はこれでよいのです。

　排気型換気の場合は過乾燥を助長しますが、それは加湿で対応しましょう。

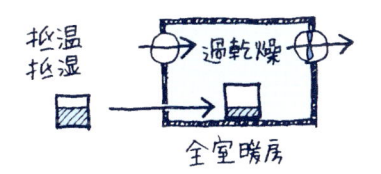

　過乾燥は健康によくないものですが、一年目にとても気にした人が、翌年には気にしなくなったということがあります。過乾燥に慣れてしまったのか、温度の低い暖房に快適を感じるようになったのか、理由はさまざまですが、過乾燥問題は長引かず、いつの間にか消滅するのだから不思議です。

既存の住宅の場合には，現在設置されている換気装置をまず点検してみてください。かなり古い家でない限り，便所，浴室には小さな換気扇がついているはずです。

　換気扇を停止させずに常時運転すれば必要な換気量が得られ，しかも正しい出口をつくることができます。給気はどこか隙間から取り入れます。便所や浴室換気扇の風量はおおむね50m³/hです。戸建住宅なら便所は2カ所，浴室1カ所ですから，3カ所×50m³＝150m³の換気量となります。第Ⅱ章で述べたように，必要な換気量とされている0.5回/hの換気量とは150m³/h程度（40坪程度の住宅）ですから，これらの換気扇を連続して回せば，一応換気は目標達成ということになります。

　換気という行為に慣れていない私たちは計画的な換気という言葉を聞いただけで，難しくて面倒なものだと感じてしまうのですが，今設置されている換気扇を常時運転すればそれでよいというなら簡単なことのように思えてくるはずです。そして，空気の汚れを防ぐための換気量は，生活上で発生する水蒸気を除去するのに十分な量ですから（第Ⅱ章参照），防露上でも大変有効なものになるのです。

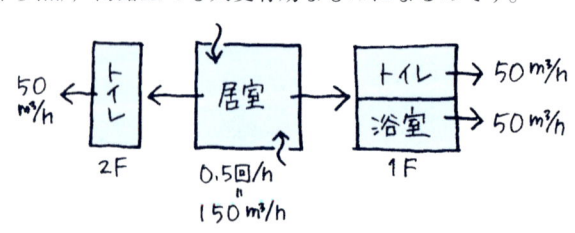

定義
常に、出入リ口を明確にして、必要な量の換気をする

原則
気密が高いほど安定する

→ 除湿　→
　生活水蒸気

0.5回/hの換気で十分に除湿

自然換気

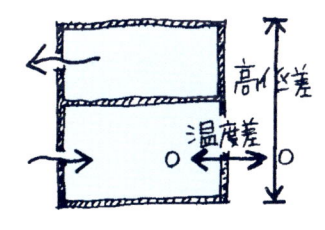

温度差、高低差が大きいほど換気量が増える

・平屋　・温暖地
・夏は換気量少ない

ホルムアルデヒドは夏に多く出る

シックハウス法は機械換気を義務付け

## column
## 結露被害例 ②
# 内部結露による被害例

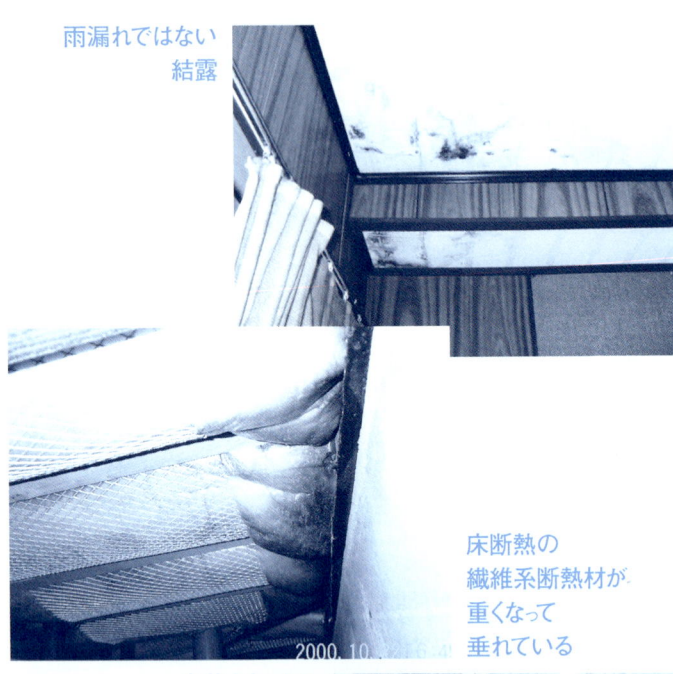

雨漏れではない
結露

床断熱の
繊維系断熱材が
重くなって
垂れている

内装をとったら
水滴だらけ
RC造で
断熱がない…

内装をとったら
中は内部結露
繊維系断熱材が
真っ黒

# 第X章
# 結露秘話

# 1. ハイパフォーマンス窓が結露

　ある日，輸入住宅を建設している工務店さんから電話を受けました。結露のことで困っているというのです。建設した住宅に輸入木製サッシを使ったら，それが結露した。施主はハイパフォーマンスガラスなので，結露するわけがないのにという。結露していたのは別の理由があるのではと疑っていて，雨で断熱材が濡れていたのを目撃したことがあり，その水が今になって出てきているのではないか……，といってきた。こんなに断熱性能のいい窓が，なぜ結露するのでしょうか？というのです。

　私は断熱・気密仕様，暖房と換気の状態を聞きました。すると断熱は100mm厚で，気密には無頓着だが2×4。換気はしてなくて，暖房は施主任せで個別暖房の状況だと答えが返ってきました。これではハイパフォーマンスといえども，非暖房室の窓は結露しても不思議はありません。開放型ストーブをやめさせ，換気をして，結露している部屋も暖房するようにアドバイスをしました。

　窓の結露でよくあるのは，冬に完成したばかりの家で断熱ガラスが結露するというものです。断熱サッシは結露しないものと建設業者も施主も思いこんでいるので，ペアガラスが曇ったりすると慌ててしまいます。そうした電話がきたら「一週間待ってみたらどうですか」とアドバイスをします。まだ，暖房をはじめたばかりで家全体が暖まっていない状態で，一番弱いガラス部分で結露するのです。建材や床下のコンクリートからの水蒸気もあって，完成したばかりの時は水蒸気

量も多くなっています。家全体に熱がまわれば、この種の結露はなくなります。

　もう一つよくある結露は、小屋裏部屋のルーフウィンドが結露することです。断熱・気密性のよい住宅では、小さな暖房器で全室暖房を行うことも少なくありません。この状況では小屋裏部屋まで熱が十分にまわらないことがあって、そこにあるルーフウィンドが結露するのです。この結露もまた熱をまわすようにすれば解決します。

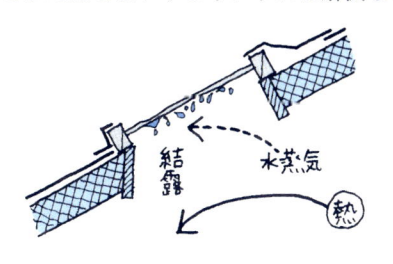

## 2. 釘の一滴結露

　随分昔のことですが、私が断熱材メーカーで開発をしていた時のことです。屋根断熱用の合板と発泡プラスチック系断熱材を複合したパネルを販売していたのですが、結露のクレームが起こりました。天井にポタッ、ポタッと水滴が落ちている音がするというのです。さっそくいってみたら、確かに屋根材を止める釘から水が落ちていたのです。屋根材を固定する釘が、断熱材を貫通して小屋裏に出てたのです。そ

の無数の釘から小さな水滴が落ちるのですが，天井がビッショリ濡れるほどのことはないのですが，天井の上に落ちるのでポタッ，ポタッと音がするのです。

そこでどう対策したかというと，断熱材をサイコロ状に切って，釘の一本一本に刺したのです。これで釘は断熱材の中に隠れて，結露は止まったのです。それでも一本一本の釘にサイコロを差すのは大変な仕事で，今でもその時のことが思い出されます。

会社に帰って，実験をして釘の結露をつくってみましたが，水蒸気をどんどんつくってみても釘が結露する量は数時間で一滴だけ。この一滴の結露に泣いた私は，この結露に名前を付けました……「一滴結露」。

以来，このパネルの施工法は合板を上にし，断熱層を下にする形に改善されました。その後，一滴結露のクレームは起こりませんでした。

## 3. 床下が温泉状態

ある日知り合いの工務店さんから電話がありました。「床下から天井まで結露でビッショリなんです……」。まだ冬のはじまりだし，工事中だというから「そんなバカな」と半信半疑のままいってみました。するとほんとうにすごいことになっていて，ユニットバスの上の2階懐まで猛烈な水滴。工務店の工事監督が「これは断熱工法が悪いから

だ」，といってカンカンに怒っています。はじめて使った断熱パネルのせいだというのです。パネルメーカーの人も呼び出されて，オロオロしていました。

　私は直感しました，これは結露じゃないと。結露でこんな状態になるわけがない。基礎断熱の床下で水道管でも漏れてて，その水分が招いたことだろうと思い，工事監督に床下に潜ってみるように指示しました。工事監督は「水漏れなんかない」といいながらも渋々潜りましたが，出てきた時は自分の過ちに見せる顔がないといった様子でした。

　やはり水漏れしていたのですが，それは水道管ではなく，温水タンクからのものでした。テストで温水タンクに貯溜された温水が床下にもれて，床下はプールというより温泉状態。その湯気がそのまま2階床下まで登っていって，周辺一体が水滴状態になっていたのです。慌てて工事監督は設備屋に電話しました。

　私が直ぐに水漏れだと思ったのには理由があって，以前にも同じようなことがあったのです。家の中は全体が20℃で湿度も40％……と，断熱・気密の効果を喜んでいた工務店が，でも床下だけいつも湿度90％なんですというのです。私はそれは絶対におかしいから床下を覗いてみたほうがいいよといったのです。翌日その工務店から電話があって，「床下に潜ってみたら水浸しでした。水道管から漏れていま

した」と報告があったのです。こんな単純なミスが起こることが，住宅というものです。

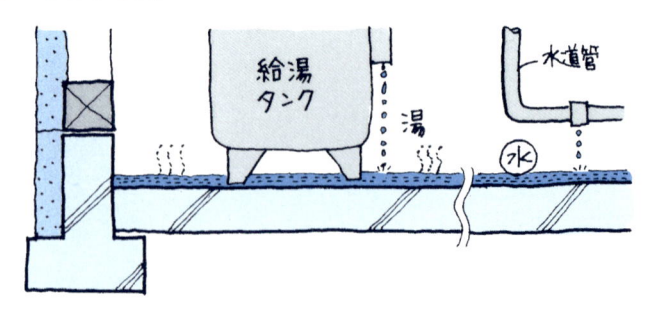

## 4. 畳にうっすらと青カビ

　断熱・気密のよい家は開放的なデザインをすれば夏も涼しくて，エアコンも知らずに生活できることがあります。栃木のまだまだ緑の多い，少し丘を登った家もこんな状態で，冷房なしで過ごしていました。そんな自然さがとてもいいと奥さんは喜んでいたのですが，ある日畳の表面にうっすらと青いカビが生えているのを見つけました。

　湿度の高い日が続くと畳の表面にカビが生えるのです。それも障子の影になる部分だけ，三角形を描いてカビが生えるのです。つまり，空気が澱む部分だけカビるのですが，冷房していないので外の湿度が大変に高い空気が室内に入れば，澱む部分でカビが発生するのです。この解決策は冷房を運転して室内を乾燥状態にするか，それともなければ扇風機を運転して畳の表面に風を与えるかのどちらかです。

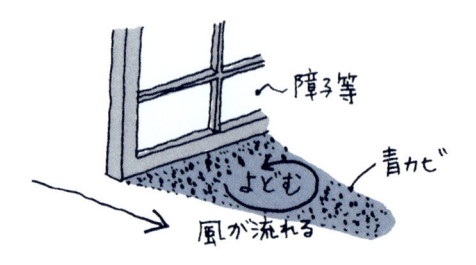

〈原因〉　　　〈現象〉

| 熱不足 | 高性能ガラスでも結露 |

| 熱橋 | 釘の一滴結露 |

| 水蒸気の発生 | 床下の水(湯)漏れ
床下土壌の湿気
外気の湿気 |

## column
### 結露被害例③
# 白蟻・カビによる被害

土台が腐って，
白蟻が食害

浴室ドアの床を
とったら
白蟻がひどい

浴室にカビが
大繁殖

技術資料

# 技　術　資　料　1

## 飽和水蒸気量

| 温度 (℃) | 水蒸気分圧 ($p_s$) (mmHg) | 水蒸気含有率 ($x_s$) (kg/kg') | 水蒸気濃度 ($\sigma_s$) (kg/m³) | 温度 (℃) | 水蒸気分圧 ($p_s$) (mmHg) | 水蒸気含有率 ($x_s$) (kg/kg') | 水蒸気濃度 ($\sigma_s$) (kg/m³) |
|---|---|---|---|---|---|---|---|
| −5.0 | 3,161 | $2.60 \times 10^{-3}$ | $3.41 \times 10^{-3}$ | 15.0 | 12,780 | $10.64 \times 10^{-3}$ | $12.83 \times 10^{-3}$ |
| −4.0 | 3,409 | 2.80 | 3.66 | 16.0 | 13,627 | 11.36 | 13.64 |
| −3.0 | 3,674 | 2.02 | 3.94 | 17.0 | 14,522 | 12.12 | 14.48 |
| −2.0 | 3,957 | 3.26 | 4.22 | 18.0 | 15,469 | 12.92 | 15.37 |
| −1.0 | 4,259 | 3.51 | 4.53 | 19.0 | 16,469 | 13.78 | 16.31 |
| 0.0 | 4,581 | 3.77 | 4.85 | 20.0 | 17,525 | 14.68 | 17.30 |
| 1.0 | 4,925 | 4.06 | 5.23 | 21.0 | 18,641 | 15.64 | 18.34 |
| 2.0 | 5,292 | 4.31 | 5.59 | 22.0 | 19,817 | 16.65 | 19.43 |
| 3.0 | 5,681 | 4.69 | 5.95 | 23.0 | 21,059 | 17.73 | 20.58 |
| 4.0 | 5,097 | 5.03 | 6.37 | 24.0 | 22,368 | 18.86 | 21.78 |
| 5.0 | 6,539 | 5.40 | 6.80 | 25.0 | 23,747 | 20.06 | 23.05 |
| 6.0 | 7,010 | 5.79 | 7.27 | 26.0 | 25,199 | 21.33 | 24.37 |
| 7.0 | 7,509 | 6.21 | 7.76 | 27.0 | 26,729 | 22.67 | 25.77 |
| 8.0 | 8,040 | 6.65 | 8.27 | 28.0 | 28,339 | 24.09 | 27.23 |
| 9.0 | 8,605 | 7.12 | 8.82 | 29.0 | 30,033 | 25.59 | 28.76 |
| 10.0 | 9,203 | 7.63 | 9.40 | 30.0 | 31,814 | 27.17 | 30.37 |
| 11.0 | 9,838 | 8.16 | 10.02 | 31.0 | 33,686 | 28.85 | 32.05 |
| 12.0 | 10,511 | 8.72 | 10.67 | 32.0 | 35,653 | 30.62 | 33.81 |
| 13.0 | 11,225 | 9.32 | 11.35 | 33.0 | 37,719 | 32.48 | 35.65 |
| 14.0 | 11,981 | 9.96 | 12.07 | 34.0 | 39,889 | 34.45 | 37.58 |

注) $x_s = \dfrac{0.622 p_s}{760 - p_s}$　　$\sigma_s = \dfrac{289.4 p_s}{273.2 + \theta} \times 10^{-5}$

$\psi = \dfrac{p}{p_s} \times 100 = \dfrac{\sigma}{\sigma_s} \times 100 \, (\%)$

(出典：藤井正一著「住居環境学入門」彰国社)

# 技術資料 2

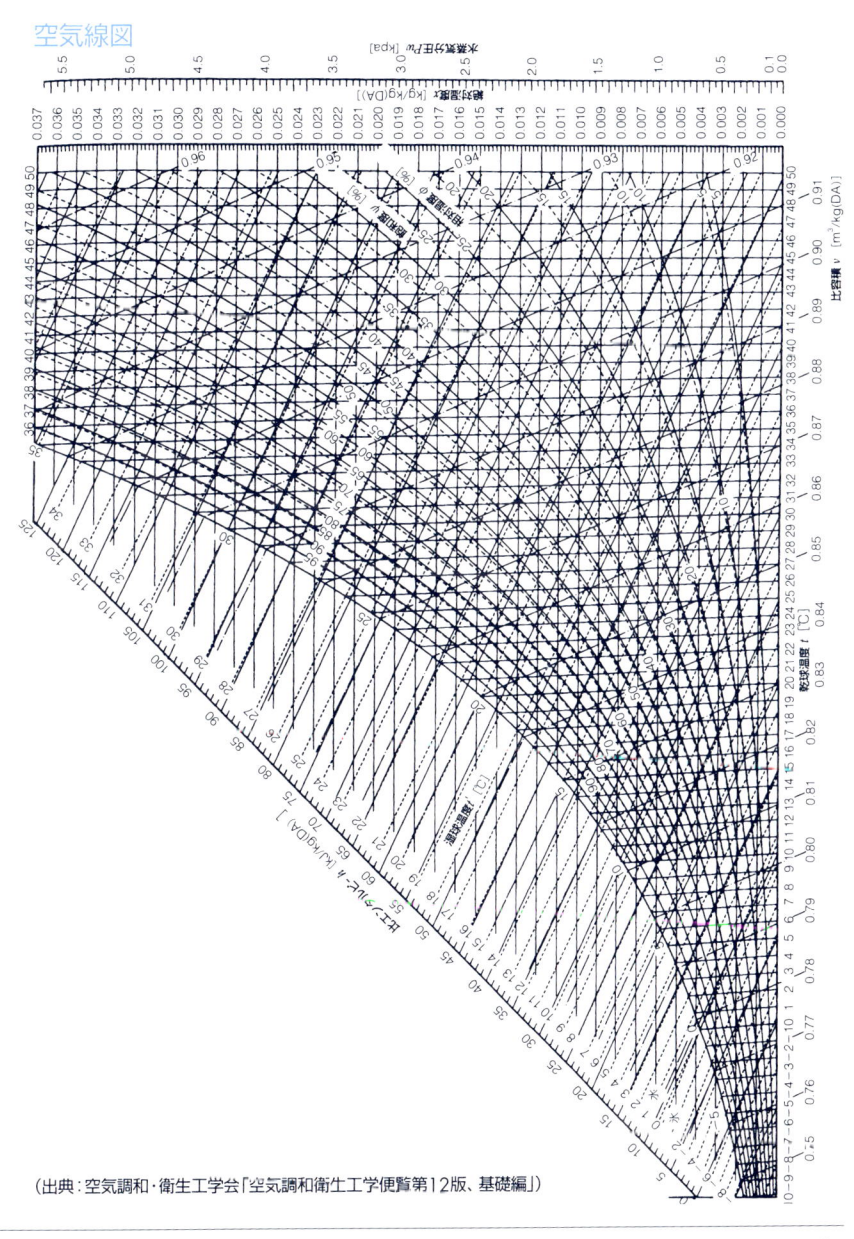

## 空気線図

(出典：空気調和・衛生工学会「空気調和衛生工学便覧第12版、基礎編」)

# 技術資料 3

## 室内での水分発生量

| 発生源 | | 発生量 20℃ | 25℃ | 27℃ | 単位 | 備考 | |
|---|---|---|---|---|---|---|---|
| 人体 | 静かに腰掛けている状態 | 34 | 57 | 70 | g/h | RMR＝0.28 | 成人男子。 |
| | 腰掛けた軽い作業 | 50 | 77 | 91 | | RMR＝0.51 | 成人女子は |
| | 事務作業 | 63 | 91 | 105 | | RMR＝0.60 | ×0.82、 |
| | 立ったり腰掛けたり | 85 | 112 | 129 | | RMR＝0.89 | 子供は |
| | 重作業 | 324 | 380 | 395 | | RMR＝4.5 | ×0.75*1 |
| ガスコンロ | 都市ガス | 0.829 | | | g/kJ | 発熱量13,311-13,981kJ/m² | |
| | プロパンガス | 1.310 | | | g/kJ | 発熱量41,441kJ/m² | |
| 生活行為 | 食器洗い | 91(朝)68(昼)295(夜) | | | g/回 | アメリカ*2 | |
| | 炊事・皿洗い | 2,600 | | | g/day | *2 | |
| | 洗濯・乾燥等 | 14,000 | | | g/day | *2 | |
| | 入浴 | 230 | | | g/回 | *2 | |
| | 浴槽1 | 662-858 | | | g/h/m² | 湯面積当たり*2 | |
| | 浴槽2 | 1,000-2,000 | | | | 湯面積当たり*4 | |
| | 浴室ドア開閉 | 10-20 | | | g/回 | 無風時*2 | |
| | 湯上がり裸体 | 23-30 | | | g/人 | *2 | |
| | 雑巾がけ1 | 8.3 | | | g/m² | *2 | |
| | 雑巾がけ2 | 13.6 | | | g/m² | *2 | |
| | 濡れた布1 | 26 | | | g/h | 塗れているタオル*3 | |
| | 濡れた布2 | 850 | | | g/h | バスタオル*3 | |
| | 植木鉢 | 840 | | | g/個・日 | *5 | |
| 食事・調理 | 朝食 | 461 | | 341 | g/h | 左側:調理作物より | |
| | 昼食 | 342 | | 295 | | 右側:燃焼ガスより | |
| | 夕食 | 608 | | 338 | | *2 | |
| | 炊飯 | 270 | | | | 米5合*2 | |
| | 牛乳沸かし | 90 | | | | 牛乳2合*2 | |
| | 野菜いため | 369 | | | | 生野菜から*2 | |
| | 目玉焼き | 168 | | | | フライパン*2 | |
| | ホットケーキ | 396 | | | | 鉄板焼き4枚*2 | |
| | 食パン | 144 | | | | 2枚*2 | |

*1 快適な温熱環境のメカニズム 豊かな生活空間を目指して 社団法人空気調和・衛生工学会
*2 渡辺要「建築計画言論Ⅱ」,丸善
*3 上村武他:壁装と調湿,壁装材料協会発行,彰国社
*4 日本建築学会編,建築設計資料集成,丸善
*5 小原俊平,建築の熱設計,鹿島出版会

(出典:建築技術別冊8「結露の完全克服マニュアル」本間義規「防露計算の現状」)

# 技 術 資 料 4

## 4人家族における1月の水蒸気発生パターンの例

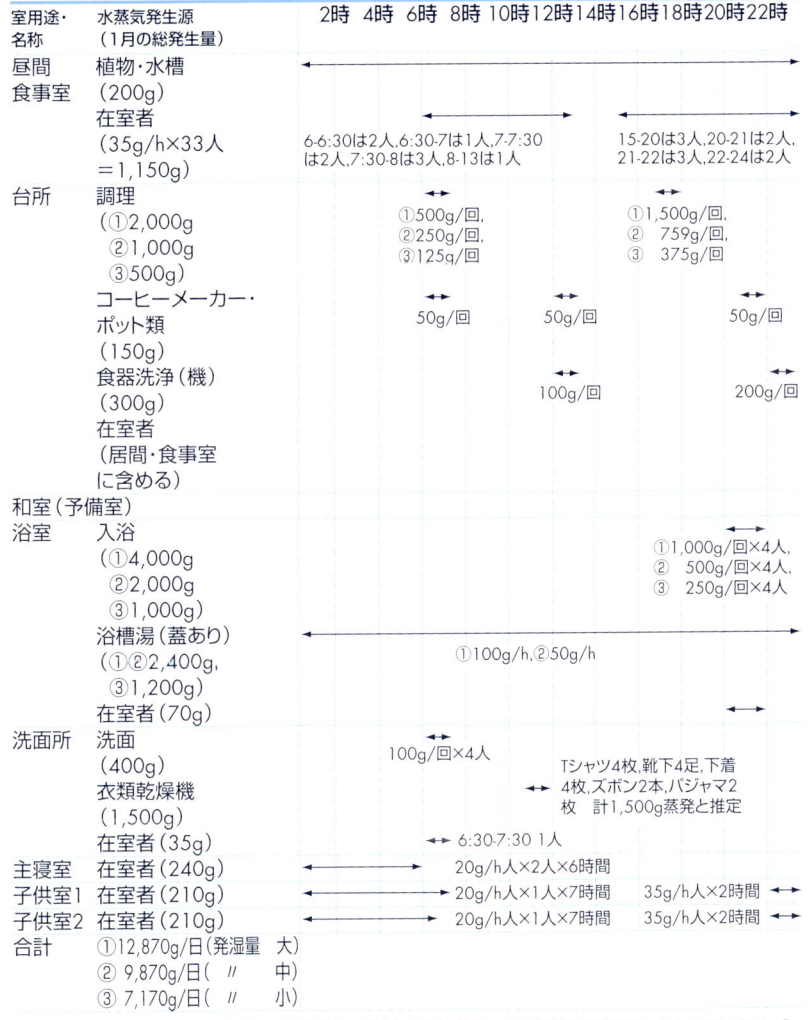

| 室用途・名称 | 水蒸気発生源（1月の総発生量） | 時間帯・発生量 |
|---|---|---|
| 昼間食事室 | 植物・水槽（200g） | 終日 |
| | 在室者（35g/h×33人＝1,150g） | 6-6:30は2人、6:30-7は1人、7-7:30は2人、7:30-8は3人、8-13は1人／15-20は3人、20-21は2人、21-22は3人、22-24は2人 |
| 台所 | 調理（①2,000g ②1,000g ③500g） | ①500g/回、②250g/回、③125g/回 ／ ①1,500g/回、②759g/回、③375g/回 |
| | コーヒーメーカー・ポット類（150g） | 50g/回、50g/回、50g/回 |
| | 食器洗浄（機）（300g） | 100g/回、200g/回 |
| | 在室者（居間・食事室に含める） | |
| 和室（予備室） | | |
| 浴室 | 入浴（①4,000g ②2,000g ③1,000g） | ①1,000g/回×4人、②500g/回×4人、③250g/回×4人 |
| | 浴槽湯（蓋あり）（①②2,400g ③1,200g） | ①100g/h、②50g/h |
| | 在室者（70g） | |
| 洗面所 | 洗面（400g） | 100g/回×4人 |
| | 衣類乾燥機（1,500g） | Tシャツ4枚、靴下4足、下着4枚、ズボン2本、パジャマ2枚 計1,500g蒸発と推定 |
| | 在室者（35g） | 6:30-7:30 1人 |
| 主寝室 | 在室者（240g） | 20g/h人×2人×6時間 |
| 子供室1 | 在室者（210g） | 20g/h人×1人×7時間、35g/h人×2時間 |
| 子供室2 | 在室者（210g） | 20g/h人×1人×7時間、35g/h人×2時間 |
| 合計 | ①12,870g/日（発湿量 大）②9,870g/日（〃 中）③7,170g/日（〃 小） | |

時間軸：2時 4時 6時 8時 10時 12時 14時 16時 18時 20時 22時

（注意）上記の水蒸気発生量の推定は、結露対策の観点から特に注意して安全側の推定を行ったものではない。入浴は1回当たり1,500gの水蒸気が発生するとの既存資料により そのうち2/3が局所排気扇により屋外に排出される場合を①、5/6が屋外に排出される場合を②とした

（出典：建築技術別冊8「結露の完全克服マニュアル」澤地孝男「換気量と防露の考え方」）

# 技 術 資 料 5

### 表面温度計算式

①壁の前に家具などのない場合

室内温度（℃）　　熱貫流率（kcal/m²・h・℃）

$$\theta_s = \theta_i \frac{K}{a_i} (\theta_i - \theta_0)$$

表面温度（℃）　　室内側空気の熱伝導率（kcal/m・h・℃）
室内温度（℃）　　外気温度（℃）

②壁の前に家具のある場合

$$\theta_s = \theta_0 \frac{a_i - K}{a_i} (-0.344 \cdot K + 0.943) \cdot (\theta_i - \theta_0)$$

# 技 術 資 料 6

### 家具のある壁の表面結露防止のための必要断熱厚さ（グラスウール10K相当）（λ＝0.045）

| TMPO | .0 | .1 | .2 | .3 | .4 | .5 | .6 | .7 | .8 | .9 |
|---|---|---|---|---|---|---|---|---|---|---|
| −7. | 91.1 | 91.7 | 92.4 | 93.0 | 93.7 | 94.4 | 95.0 | 95.7 | 96.4 | 97.0 |
| −6. | 84.6 | 85.3 | 85.9 | 86.5 | 87.2 | 87.8 | 88.5 | 89.1 | 89.8 | 90.4 |
| −5. | 78.3 | 79.0 | 79.6 | 80.2 | 80.8 | 81.5 | 82.1 | 82.7 | 83.4 | 84.0 |
| −4. | 72.2 | 72.8 | 73.4 | 74.0 | 74.7 | 75.3 | 75.9 | 76.5 | 77.1 | 77.7 |
| −3. | 66.3 | 66.9 | 67.4 | 68.0 | 68.6 | 69.2 | 69.8 | 70.4 | 71.0 | 71.6 |
| −2. | 60.5 | 61.0 | 61.6 | 62.2 | 62.8 | 63.3 | 63.9 | 64.5 | 65.1 | 65.7 |
| −1. | 54.8 | 55.4 | 55.9 | 56.5 | 57.0 | 57.6 | 58.2 | 58.7 | 59.3 | 59.9 |
| 0. | 49.3 | 49.8 | 50.4 | 50.9 | 51.5 | 52.0 | 52.6 | 53.1 | 53.7 | 54.2 |
| 0. | 49.3 | 48.7 | 48.2 | 47.6 | 47.1 | 46.5 | 46.0 | 45.5 | 44.9 | 44.4 |
| 1. | 43.9 | 43.3 | 42.8 | 42.3 | 41.7 | 41.2 | 40.7 | 40.2 | 39.6 | 39.1 |
| 2. | 38.6 | 38.1 | 37.6 | 37.0 | 36.5 | 36.0 | 35.5 | 35.0 | 34.5 | 34.0 |
| 3. | 33.4 | 32.9 | 32.4 | 31.9 | 31.4 | 30.9 | 30.4 | 29.9 | 29.4 | 28.9 |
| 4. | 28.4 | 27.9 | 27.4 | 26.9 | 26.4 | 25.9 | 25.4 | 24.9 | 24.5 | 24.0 |
| 5. | 23.5 | 23.0 | 22.5 | 22.0 | 21.5 | 21.0 | 20.6 | 20.1 | 19.6 | 19.1 |
| 6. | 18.6 | 18.2 | 17.7 | 17.2 | 16.7 | 16.2 | 15.8 | 15.3 | 14.8 | 14.4 |

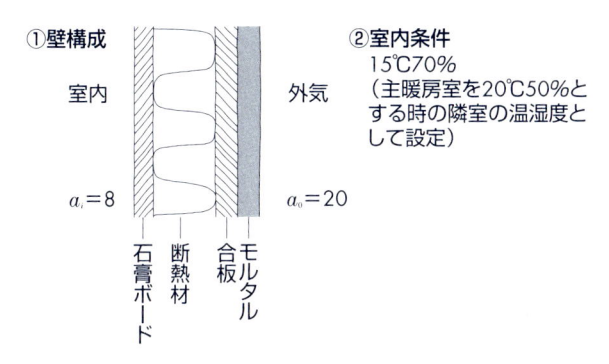

①壁構成　室内　外気　$a_i=8$　$a_o=20$　石膏ボード　断熱材　合板　モルタル

②室内条件
15℃70%
（主暖房室を20℃50%とする時の隣室の温湿度として設定）

（出典：「住宅の新省エネルギー基準と指針」IBEC）

## 技 術 資 料 7

### RC造内断熱の内部結露の定常計算と非定常計算

　計算対象となる壁体は、コンクリート造内断熱・押出法ポリスチレンフォームB種50mm。

　まず定常計算による計算結果を示す（p.77図A）。

　冬期室内18℃60%、外気5℃60%（東京を想定）、絶対湿度が飽和絶対湿度を上回る領域（網目の部分）が両材料の界面を含む部分で発生しており、「史上最大のミステーク」がいうとおり、RC造内断熱は結構温暖な地域でも結露が発生するという結論が得られます。

　次に、非定常計算ですが（p.77図B）、室温は冬18℃、夏26℃で1年間ゆっくりと変動するものとしている。外気温は東京の標準気象データを用いている。1月30日7時が、ほぼ図Aに近い外気温なので、この時点における分布を示す。図Bでは、定常計算の結果とは異なり、結露発生と判定されるような領域はどこにもない。

　図Aの定常計算では、コンクリート（RC）と断熱材（Ex.p.s.）の界面において、絶対湿度が凸型に近くなっており、結露しやすい状況にあるのに対して、図Bの非定常計算ではこの界面は凹型に近く、結露しづらいことが一目瞭然です。

つまり、非定常計算を行えば、コンクリートの吸湿性が考慮されるので、この界面の絶対湿度はそれほど高くならないが、定常計算ではそれが無視されるので絶対湿度が実際よりはかなり高く計算され、結露してしまうことになるのです。つまり、コンクリートの水分蓄積（吸湿性）を考慮するか否かで、結論がまったく異なるということになります。

　次に壁体内部（断熱材の最もコンクリートに近い計算点）における1年間の相対湿度をp.77図Cに示しますが、室内相対湿度が60％という高い値でも結露しない。なお、これらの計算は同じ気象データで2年間計算し、後半の1年間の結果を採用したものです。

(建築技術2001年10月号、「結露防止の完全克服マニュアル」坂本雄三東京大学教授『RC内断熱は結露するのか』より抜粋)

# 第XI章 まとめ

断熱　気密　換気

長々と結露の勉強をしてきましたが，お疲れさまでした。

あんまり沢山詰め込みすぎたので，ここで頭の中の混乱を解消するためにも，結露のポイントを整理してみます。

まず，結露には表面結露と内部結露があります。

つぎに，冬型結露と夏型結露があります。

そして，断熱・気密・換気が深く関係し，くせ者は熱橋です。

さて，これらの項目が複雑にからんで結露が発生します。その全体を捉えなければ，結露についてはわかりません。

●結露の要素は，空気の温度と空気に含まれる水蒸気です。

●結露を防ぐには①冷やさなければ絶対に結露しない，②空気中の水蒸気が少なければ結露しにくい，の二つの基本があります。

●表面結露を防ぐには①の冷やさないことが最善の策となりますが，内部結露を防ぐには②の水蒸気を減らすしか方法がありません。

●ここで①の冷やさないことのイメージは「熱を与える」という言葉に置き換えると，デザインしやすくなります。また，②の水蒸気を減らすというイメージは単に室内側で防湿というものではなく，「外にいくほど開放」というイメージで捉えることが肝心です。

●①の熱を与えることは，「家全体を均一な温度に持ち込む（全室暖房）こと」が基本となります。最も安全なのは，熱を遮るものをなくしてしまうことです。すべての部屋を一つにまとめて，衝立とか家具で仕切るくらいにし，柱も梁も小屋組もみんな見えてる状態で，床は土間のまま，例え床下をつくっても塞がずに通気がとれるようにすることです。常に何も遮るものがない状態から設計をはじめることが，表面結露を防ぐための原点だと考えれ

ばよいでしょう。そうはいかないから幾つも部屋ができ，内装がプラスされていく……。その時に熱を与えることを頭から切り離さないで設計していくことが肝心です。

　また，②の外にいくほど開放の基本は室内側での防湿ですが，その防湿には高気密が必要です。

●これら結露防止の基本的な行為を補うものに，調湿性があります。

　内装材に調湿性を持たせれば瞬間的な表面結露を吸収し，壁の中に浸入しようとする水蒸気を一旦留めておいてくれます。また，断熱材に調湿性があれば，内部結露が起こっても少しは含んでおくことができます。しかし，調湿性が防露の主役にはなりません。あくまでも温度と水蒸気の対策が先で，調湿はバッファ（緩衝）としての要素です。

　以上，結露の基本チャートをつくってみましたが，実践は応用問題ばかりです。結露が起こったら，慌てずに，探偵のようなもしくは医者のような気持になって，この結露チャートに従って分析していけば，案外簡単なところに解決策がみつかることでしょう。

　また，結露は日常の生活の仕方が大きく作用します。結露をよく理解することで結露を防ぎ，健康な生活を送っていただくことを願って，終わりにします。

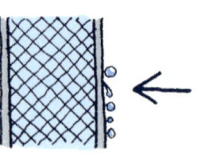

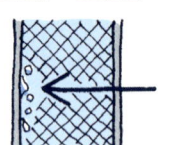

| 冬型結露 | 夏型結露 | 表面結露 | 内部結露 |

| 結露の要素 | 温度 | 〈空気〉 | 水 |
| 結露を防ぐ | 冷やさない | | 水を減らす |
| 結露の種類 | 表面結露 | | 内部結露 |
| キーワード | 熱を与える | | 外にいくほど開放 |
| ポイント | 全室暖房 | | 高気密 |
| フォロー | | 調湿 | |

## 著者略歴

**南 雄三**(みなみ ゆうぞう)
1949年東京生まれ
若い頃, 世界50か国を放浪した破天荒な経験をもち,
断熱材メーカーの在籍中に工務店業界と深く関わる。
現在は, 断熱・気密化技術および
エコハウスを専門とするアドバイザーであるが,
住宅産業を知り尽くした経験で
住宅産業全般のジャーナリストとしても活躍している。
新宿にある自宅は大正時代の古住宅だったが,
パッシブソーラー住宅に再生し, 庭に蛍が生息するなど,
都心の環境共生住宅として資産価値を高めた実例になっている。
著書／「高断熱・高気密バイブル」建築技術,
「在来工法新時代」日本住宅新聞社
共著／「資産になる家・負債になる家」建築技術,
「これからの木造住宅3・省エネルギー・熱環境」日本住宅／木材技術センター,
「人間住宅」INAX出版
監修／月刊建築技術「高断熱高気密住宅の実践講座」1996年7月号・
「高断熱高気密住宅の換気設計」1997年7月号・
「高断熱高気密住宅からエコハウスへ」1998年11月号・
「外断熱ってしってる」2001年2月号・
「結露防止の完全克服マニュアル」2001年10月号・
「シックハウス法【換気】攻略の知恵」2003年9月号・
「断熱・気密を整理整頓(木造在来工法)」2004年1月号,
建築技術別冊1「高断熱・高気密住宅の実践マニュアル」,
建築技術別冊7「外断熱ってしってる」,
建築技術別冊8「結露の完全克服マニュアル」,
「木製窓」NKS情報ネットワーク,
「次世代省エネルギー基準のすべて・木造編」日本住宅新聞社
ホームページ：http://www.t3.rim.or.jp/~u-minami/

写真提供／アキレス(株), (株)こもだ建総, (株)鈴木工務店, (株)モリヤ, 棗田建築デザイン研究所

## 南雄三流 SuiSuiわかる「結露」の本

| | |
|---|---|
| 発行 | 2004年6月10日　第一刷 |
| | 2004年6月30日　第二刷 |
| | 2008年3月31日　第三刷 |
| | 2015年11月25日　第四刷 |
| 著者 | 南雄三 |
| 発行者 | 橋戸幹彦 |
| 発行所 | 株式会社建築技術 |
| | 〒101-0061 東京都千代田区三崎町3-10-4 千代田ビル |
| | TEL:03-3222-5951, FAX:03-3222-5957 |
| | 振替口座：00100-7-72417 |
| 装丁・本文デザイン | 箕浦卓 |
| イラスト | 日毛直美 |
| 図版作成 | 梅田屋寿々子 |
| 印刷・製本 | 三報社印刷株式会社 |

落丁・乱丁本はお取り替えいたします。
ISBN978-4-7677-0099-1 C3052　　©Yuzo Minami 2004